Celia Brooks Brown

Die neue StadtGartenLust

VOM SÄEN, ERNTEN, GENIESSEN

MIT VIELEN REZEPTEN

Deutsche Verlags-Anstalt

Für Anya Kubrick Finney –
immer in unseren Herzen

In diesem Buch angegebene Saatzeiten und Pflanzinformationen sind nur Ratschläge und dienen der Orientierung. Folgen Sie den Hinweisen auf den Samentüten.

Beachten Sie die Tipps am Ende der Rezepte, die zusätzliche Informationen für die Zubereitung liefern.

Die angegebenen Zeiten gelten für Umluftöfen. In herkömmlichen Backöfen muss man die Temperaturen um 10–15 °C erhöhen. Dies kann von Ofen zu Ofen variieren.

Fotos von Jill Mead

Willkommen in meinem Kleingarten ...

Etwa die Hälfte der Weltbevölkerung lebt heutzutage in Städten. Wir strömen in den urbanen Raum, denn dort befindet sich meist unser Arbeitsplatz. Doch es gehört mehr zum Leben als arbeiten und Geld verdienen und oft beeinträchtigt das urbane Umfeld unsere Gesundheit. In der Stadt mangelt es uns an Zeit, Raum und Natur. Manch einer malt sich in seiner Fantasie ein Landleben mit viel Platz zum Anbau von eigenem Gemüse und Obst aus – doch leider bestimmt das beklemmende Gegenteil unsere Realität. Wenn wir also schon in der Stadt wohnen, aus welchen Gründen auch immer, kann doch wenigstens ein Stück Natur in unserem Umfeld die Lebensqualität enorm steigern – erst recht, wenn man dort Nutzpflanzen heranzieht.

Nehmen wir mich als Beispiel: London ist für mich der beste Ort, um als Kochbuchautorin, Pädagogin und Köchin zu arbeiten. Mir fehlt die Zeit für lange Anreisen zu Treffen, Kochvorführungen, Fernsehauftritten und zu meinen gastronomischen Touren. Ich muss immer auf dem neuesten Stand sein – und ich liebe London, trotz aller Schwächen dieser Stadt. Vor zwanzig Jahren begann ich hier meine Karriere und nie hätte ich geahnt, dass ein Gemüsegarten mitten in der Stadt eine der größten Kraftquellen für meine Arbeit und mein Wissen werden würde. Der Auslöser war mehr oder weniger Zufall, und dafür danke ich dem Schicksal jeden Tag. Im Jahr 2002 wurden mein Mann Dan und ich sesshaft und kauften ein Haus in Nord-London. Während erster Erkundungsgänge in unserem neuen Revier kamen wir an einem kleinen Grundstück mit Kleingärten vorbei. Einige davon schienen verlassen zu sein. Es gab dort ein Schild mit einer Telefonnummer – und einen Anruf später standen wir auf der Warteliste. Danach vergaß ich die Sache wieder.

Nach über drei Jahren erhielten wir zu meiner großen Überraschung einen Brief, in dem man uns einen dieser Kleingärten anbot. Wir griffen sofort zu, ohne zu wissen, wo man bei diesem 10 × 15 Meter großen Gewirr aus Brombeeren und Ackerwinden anfangen sollte. Mit meiner Leidenschaft für gutes Essen und besonders für Gemüse war ich mir aber sicher, eine gute Gärtnerin zu werden. Heute kann ich Ihnen sagen: Einen Kleingarten zu übernehmen und mit ihm auf eine zeitweise überaus turbulente Reise zur grünen Selbstverwirklichung zu gehen, ist mit nichts zu vergleichen.

Unsere Parzelle liegt gegenüber einer Kirche und einer Moschee sowie in unmittelbarer Nähe einer Polizeistation. Kontemplatives Unkrautjäten wird gelegentlich unterbrochen von einem vorbeirauschenden Konvoi heulender Polizeiwagen. Doch meistens haben wir hier eine ruhige Oase.

Von der angrenzenden Straße ist der Garten durch einen Lattenzaun getrennt, und Passanten sprechen mich oft durch den Zaun hindurch an, anders als man es im normalen Stadtleben gewohnt ist. »Welche Pflanze ist das?«, »Die haben wir in meiner Kindheit in Marokko auch gehabt ...«, »Kann ich Ihnen Salat abkaufen?« und so weiter. Fremde Menschen, die ich sonst nie treffen würde, geben mir Rezepte und erzählen aus ihrem Leben – mein kleiner urbaner Garten zieht ganz verschieden Menschen an. Auch in der Gartenanlage selbst lernte ich viele liebenswürdige Leute kennen, von denen in den folgenden Kapiteln noch zu lesen sein wird.

Ich würde nie behaupten, dass die Kultivierung eines Kleingartens einfach ist. Es ist zeitraubend und gelegentlich frustrierend, man bekommt Rückenschmerzen und hin und wieder ein schlechtes Gewissen. Immer noch bin ich nur Teilzeitgärtnerin, weil ich mein geschäftiges Leben in der Stadt weiterführen möchte. Aber ich verstehe und schätze die »Rohmaterialien« meines Berufes, nämlich Obst und Gemüse, doch nun viel intensiver. Auch wenn ich mich nicht komplett selbst versorge, bin ich sensibel geworden für Nachhaltigkeit, für das Vermeiden von Einkaufswegen, für die Beibehaltung natürlicher Lebenszyklen. Wer selbst anbaut, wird nicht sofort belohnt – doch mit etwas Geduld und Ausdauer erntet man jährlich die Früchte seiner Arbeit. Es ist eine festliche Schlemmerei, die in jedem Jahr anders ausfällt. Ich habe akzeptiert, dass ich zwar in der Küche völlige Kontrolle besitze, in meinem Kleingarten aber oft nachgeben muss, da hier so viele Variablen eine Rolle spielen. Doch diese Erfahrung hat mich letztlich auch zu einer besseren Köchin gemacht.

Und dann ist da das Aroma. Erst jetzt weiß ich, wie frisches Gemüse schmeckt. Zweifellos spielt die Hingabe, mit der ich das Gemüse erntereif ziehe, eine Rolle dabei. Ich könnte hier in London jeden Abend in ein anderes Sterne-Restaurant gehen, aber nirgends wird das Gemüse je so schmackhaft sein wie bei mir, wo es aus der Erde direkt auf den Teller kommt.

Dieses Buch ist nicht in erster Linie als Gartenhandbuch gedacht – ich möchte Ihnen vielmehr anhand meiner bescheidenen Erfahrungen zeigen, wie Sie einen Garten in Ihr urbanes Leben integrieren können, wenn Sie das Bedürfnis danach verspüren.

Erfolge stehen in der Regel proportional zu der Mühe, die Sie investieren. Tauchen Sie ein und erfreuen Sie sich daran – es ist ein holpriger Weg mit Freud und Leid. Aber das gute Gefühl, etwas erreicht zu haben, bei der Arbeit die gesunde Gartenluft einzuatmen und nicht zuletzt die wundervollen Aromen von frischem Obst und Gemüse in der Küche werden Ihrem Leben eine bisher ungeahnte Qualität verleihen.

Grundlagen

Einmaleins des Gemüsegartens

Wirtschaftlichkeit

Jedes Hobby kann teuer werden. Gemüseanzucht muss es nicht sein. Natürlich kann man für Keramik oder sonstiges modisches Zubehör viel Geld ausgeben, aber für den Anfang brauchen Sie nur Blumenerde für die Töpfe und eine Handvoll Samen. Als Töpfe können gebrauchte Behälter dienen (siehe Seite 16). Sich Dünger zuzulegen, zahlt sich aus, denn nährreiche Erde bringt gesunde Pflanzen hervor.

Geräte

Für das Gärtnern in Töpfen reichen ein Paar Handschuhe, eine Gießkanne und eine Schere. Für Gärten und Kleingärten braucht man zunächst: Grabegabel, Spaten oder Schaufel, Rechen und Rosenschere. All das kann man auch gebraucht kaufen.

Abhärten

Junge Tomaten- oder Paprikapflanzen, die im Haus angezogen wurden, müssen sich erst akklimatisieren. Umgetopft sollten sie ein paar Tage lang tagsüber draußen stehen und nachts hereingeholt werden. Man kann sie auch in einen Frühbeetkasten stellen, den man nachts schließt.

Wo

Zunächst müssen Sie es wirklich wollen – aber das tun Sie offensichtlich bereits, denn Sie lesen dieses Buch. Platz ist zwingend notwendig, aber es gibt keine bestimmten Vorgaben. Pflanzen brauchen nur Licht, Erde, Wasser und Nährstoffe. Zusammen mit ein wenig Fürsorge können sie so zu wertvoller Nahrung heranwachsen. Auch wenn Sie nur eine Fensterbank haben, können Sie zumindest Kräuter, Tomaten und Auberginen ziehen. Ein Freund baut auf seinem kleinen Londoner Balkon erfolgreich Wurzelgemüse, Zucchini und Stangenbohnen an. Prüfen Sie Ihre Fläche – sei es ein Innenhof, ein Balkon, eine Dachterrasse, ein eigener Hausgarten oder ein gepachteter Kleingarten: Mit ausreichend Licht und Luft können Sie loslegen.

Wann

Die Topfgärtnerei beginnt wie die Gartensaison im März. In einem Haus- oder Kleingarten sollte man die nötigen Erdarbeiten schon im Herbst vor dem Frost erledigt haben, aber es ist auch noch im zeitigen Frühjahr möglich. Im Spätsommer lohnt sich das Säen und Pflanzen nicht mehr, denn die Saison nähert sich dem Ende. Im Winter zu beginnen macht keinen Sinn, stattdessen sollte man diese Zeit für die Planung nutzen.

Was

Bauen Sie an, was Sie gerne essen. Wer keine Rote Beete mag, sollte dafür auch keinen Platz verschwenden. (Andererseits kann sich der Geschmack auch ändern, wenn man einmal selbst gezogenes Gemüse probiert hat.) Obwohl Zwiebeln preiswert zu kaufen sind, baue ich sie an, da sie leicht zu ziehen sind und als Grundlage für zahlreiche Rezepte dienen. Dennoch sollte man die Wirtschaftlichkeit der Pflanzen bedenken. Kräuter, Rucola und junge Salatblätter beispielsweise kosten viel Geld und sind daher wertvolle Gartenpflanzen, besonders die nachwachsenden Sorten. Sie gedeihen in Töpfen, sogar auf der Fensterbank oder im Zimmer.

Schutz

Je gesünder die Pflanze, desto weniger krankheitsanfällig ist sie. Schädlinge sind unvermeidlich. Schnecken sind ständige Plagegeister. Schneckenkorn hilft zwar, schädigt aber möglicherweise auch andere Tiere, in der Stadt besonders Vögel – wobei dies nicht nachgewiesen ist. Auf alle Fälle ist Schneckenkorn ein chemisches Gift und steht damit den Prinzipien des biologischen Gärtnerns entgegen. Ökologisch unbedenkliches Schneckengift gibt es zwar, aber es hält nicht so lange. Daneben gibt es zahlreiche natürliche Methoden der Schneckenabwehr, wie etwa ausgestreuter Kaffeesatz, Bierfallen, Salz oder zerstoßene Eierschalen. Kupferkabel versetzen den Schnecken einen Elektroschock und lassen sie um ihr Leben laufen – im Schneckentempo natürlich.

Schädlings- und Krankheitsbefall treten häufig auf und haben meist komplexe Ursachen. Zur Diagnose und Problembehandlung hilft ein gut illustriertes Handbuch. Leider ist ihnen in den meisten Fällen ohne Chemie nicht beizukommen.

Kompost

Ein Komposthaufen gehört zur Grundausstattung. Denn beim Eigenanbau kommt man um Kompostabfälle nicht herum. Ein Kunststoffkomposter ist günstig und nimmt wenig Platz ein. Für den organischen Küchenabfall benötigen Sie ein Kunststoff- oder Keramikgefäß mit einem Deckel und einer eingehängten Plastiktüte. Als Faustregel sollte man sich merken, nur rohe Pflanzenreste zu kompostieren und kein gekochtes Essen, Fleisch, Fisch oder Milchprodukte. Eierschalen, Teebeutel und Kaffeefilter sind in Ordnung. Zusammen mit Papierschnitzeln und Grasschnitt werden die Bakterien alles in nahrhaftes Substrat verwandeln, das sich perfekt als Dünger für Ihren Boden verwenden lässt. Zur Anlage einer Kompoststelle sollten Sie sich von einem Freund oder Kleingartennachbar etwas Kompost geben lassen, um schnell an Bakterien und Würmer zu kommen. Nach einer Weile wird Sie der Komposthaufen mit kostenlosem Dünger versorgen.

Obst und Gemüse für Anfänger

Auch mit wenig Platz sind diese Pflanzen leicht anzubauen:

Kräuter – Frühlings-, Sommer- und Wintersorten
Salat
Tomaten
Erdbeeren
Erbsen
Bohnen
Paprika
Rote Beete
Radieschen
Kürbis
Zwiebeln
Knoblauch

Oben Erdbeerblüten unter einem Netz

Anbau im Kleingarten

Ein Kleingarten ist der perfekte Ausgleich zum hektischen Stadtleben. Ein Küchengarten daheim ist nicht zu vergleichen mit der gemeinschaftlichen Stimmung im Kleingarten. Als Neuling startet man am besten dort, denn neben Tipps aus Büchern, Zeitschriften und auf Samentütchen kann man hier die Gartennachbarn beobachten, deren Ratschläge befolgen (oder auch nicht) sowie Samen, Pflanzen, Rezepte und überschüssiges Gemüse austauschen. Und es ist ein schöner Ort zum Ausspannen.

Anfangen

Wenn Sie einen Kleingarten möchten, kümmern Sie sich so früh wie möglich darum. Ich habe auf meinen dreieinhalb Jahre gewartet, was für London noch eine relativ kurze Zeit ist. Lassen Sie sich davon nicht entmutigen. Rufen Sie den Kleingärtnerverband Ihrer Stadt an, vielleicht haben Sie Glück.

Oben Ende März im Kleingarten
Rechts Blumenmischung aus Ringelblumen, Kornblumen und Duftwicken.

Hartnäckig bleiben

Sollten Sie es dennoch nicht auf eine Warteliste schaffen, suchen Sie in Kleingartenanlagen in der Nähe nach vernachlässigten Parzellen und fragen Sie bei den Vereinen nach. Einige Anlagen sind vielleicht nicht in Vereinshand. Fragen Sie dann den Pächter – vielleicht bietet er Ihnen einen Teil seines Gartens an.

Lage

In Großstädten sind verfügbare Kleingärten oft rar. Sie werden vermutlich keine große Auswahl haben und sich mit dem begrenzten Angebot begnügen müssen. Das Wichtigste ist die Lage und die Nähe zur eigenen Wohnung. Um zu meinem Kleingarten zu kommen, brauche ich kein Auto. Man kennt mich in der Nachbarschaft schon dafür, dass ich Material und Ernte mit der Schubkarre nach Hause transportiere oder kurz hinüberlaufe, um noch eine Handvoll Mangold oder Lauch für einen Eintopf zu holen. Das tägliche Wässern im Hochsommer ist ebenfalls schnell gemacht. Aber auch ein etwas entfernt liegender Kleingarten ist besser als keiner. Man muss die Besuche dann nur etwas strukturierter in den Wochenplan einbauen.

»Machen Sie das Beste aus dem, was Sie vorfinden.«

Mit etwas Glück bekommt Ihr Kleingarten viel Sonne ab, liegt windgeschützt und ist ausreichend dräniert. Eine Laube ist von Vorteil und ein Gewächshaus ein zusätzlicher Bonus. Letztlich muss man einfach mit dem arbeiten, was der Garten bietet – Anpassungsfähigkeit ist die wichtigste Gärtnertugend.

Jäten

Falls Ihr Kleingarten vernachlässigt wurde und voller Unkraut steht – seien Sie froh drum! Üppiges Unkraut zeugt von gutem Boden. Suchen Sie sich für die erste grobe Arbeit Helfer und nehmen Sie sich nie mehr vor, als Sie in wenigen Stunden am Stück schaffen können. Es ist verlockend, mit einer Fräse alles im Nu auszureißen, aber widerstehen Sie dem zumindest im ersten Jahr. Sie häckseln die Wurzeln sonst in kleine Stücke, die vielfach wieder austreiben. Unkräuter sind immer ein Problem, aber wenn man sie früh genug mit den Wurzeln auszieht, erspart man sich später viel Arbeit. Die ideale Zeit zum Umgraben ist der Herbst – beim

Dranbleiben

Wenn man einmal mit dem Gärtnern angefangen hat, muss man dranbleiben. Zu viel Unkraut lässt den Garten schnell ungepflegt aussehen. Die Selbstversorgung aus dem Garten kann zur Obsession werden – Sie werden sich am Anfang vermutlich kopfüber in dieses Abenteuer stürzen. Aber man weiß nie, was das Leben auf Lager hat und wo die guten Vorsätze dabei bleiben. Wenn Sie keine Zeit mehr finden, sollten Sie den Garten zumindest vorübergehend einem anderen Kleingärtner oder Freund überlassen.
In jeder Kleingartenanlage gibt es Regeln. So ist eine Pacht zu zahlen, die sich aber meist in Grenzen hält. Ansonsten sollte man die Nachbarn respektieren und eben genügend Zeit für die Pflege des Gartens aufbringen.

Lockern größerer Klumpen hilft der Frost im Winter, was die Arbeit im Frühling erleichtert. Im Herbst sollte man auch verrotteten Kompost einbringen.

Er enthält Nährstoffe und verbessert den Wasserabfluss sowie die Durchlüftung des Bodens. In meinem ersten Jahr habe ich komplett auf Düngung verzichtet, um zu sehen, was der Boden zu bieten hat. Das war keine so kluge Idee! Denn der Boden verliert ständig Nährstoffe durch Erosion und Abgabe an die Pflanzen und dieser Verlust muss während des Jahres ausgeglichen werden. Nur was man dem Boden zuführt, kann er wieder zurückgeben. Mit Kompost kann man nichts verderben. Weil ich zu wenig für den ganzen Garten produziere, lasse ich mir zusätzlichen Kompost von der für die Kleingärten zuständigen Stadtverwaltung liefern.

Planung

Wenn man sich durch die Erde gearbeitet hat, ist es Zeit für eine Verschnaufpause – und nun kann man sich endlich Gedanken darüber machen, welches Obst und Gemüse man pflanzen möchte. Siehe hierzu die Ratschläge auf Seite 10.

Wenn man sich für bestimmte Obst- und Gemüsesorten entschieden hat, geht es an die Platzaufteilung. Man braucht ein Beet für dauerhafte Pflanzen wie Beerensträucher, Rhabarber oder Spargel. Auf die übrige Fläche kommen im Wechselanbau die Pflanzen aus den drei groben Kategorien Wurzelgemüse, Kohlpflanzen und Sonstiges. Viele Gartenbücher raten, die Fläche für diese Kategorien zu dritteln und im Wechsel zu bewirtschaften. Ich baue allerdings überproportional viel »Sonstiges« an, und so ist mein Garten ein jährlich rotierender Flickenteppich und kein geordnetes »Triptychon«. Auf den Streifen mit Kartoffeln (Wurzelgemüse) des Vorjahres etwa kommen diesmal Kürbisse (Sonstiges); die vorjährige Zwiebelfläche (Sonstiges) werde ich in diesem Jahr mit Weißkohl und Brokkoli (Kohlpflanzen) bepflanzen. Bohnen und Erbsen binden Stickstoff, wovon die folgenden Pflanzen profitieren werden. Einen großen Stickstoffbedarf haben etwa Kohlpflanzen.

Anbau im Hausgarten

Mit einem Hausgarten in der Stadt hat man in gewisser Weise das Beste aus zwei Welten: einen Wohnraum in der Natur und doch in urbaner Umgebung. Wer einen Teil seines Gartens in einen Küchengarten verwandelt, hat Kräuter und Gemüse stets griffbereit. Dabei kann man essbare Pflanzen gut mit Zierpflanzen kombinieren und vieles auch in Töpfen ziehen.

Auf das Aussehen meines Kleingartens achte ich nicht so sehr, obwohl ich in der sommerlichen Fülle durchaus stolz auf ihn bin und dort viel Zeit zum Entspannen verbringe. Den Hausgarten aber hat man täglich im Blick – daher verlangt er eine ästhetisch ansprechende Gestaltung und eifrigere Pflege als der Kleingarten, damit man seine Schönheit jederzeit genießen kann.

Man kann hier gut mit einem für Gemüse vorgesehenen Hochbeet beginnen, besonders in einem kleinen Garten. Dazu muss man nur ein 120 cm × 60 cm großes Stück Rasen ausstechen und darauf einen Holzkasten bauen. Der Herbst ist die ideale Zeit dafür. Die Hochbeeterde sollte man mit etwas gut verrottetem Kompost vermengen. Man kann die Holzplanken des Hochbeetes auch auf einen Betonsockel setzen, was das Projekt aber unverhältnismäßig verteuert.

Auch in Hochbeeten gelten die Regeln der Fruchtfolge (siehe Seite 14), so dass sich gleich drei Hochbeete anbieten. Natürlich können Sie auch Beete für ausdauernde Pflanzen wie Rhabarber, Spargel, Obststräucher und -bäume anlegen. Auch ein Gewächshaus oder einen Frühbeetkasten wäre eine Überlegung wert.

»Den Hausgarten hat man täglich im Blick, daher verlangt er eine ästhetisch ansprechende Gestaltung und eifrige Pflege.«

Oben Ein Wäscheständer steht zwischen Töpfen mit Kräutern.

Anbau in Gefäßen

Vorteile von Gefäßen

Fruchtfolge spielt in Gefäßen keine Rolle. Allerdings muss man nach der Ernte von nicht ausdauernden Pflanzen die Erde austauschen und die Töpfe ausspülen, um Krankheiten zu vermeiden. Dass die Töpfe in greifbarer Nähe sind, ist ein weiterer Vorteil. Zudem ist die Pflege schnell erledigt – wobei Wässern und Unkrautziehen oberste Priorität haben.

Wässern

Wenn Sie viele Töpfe zu bewässern haben, ist ein Schlauch praktisch. Doch eine größere Gießkanne mit einer Brause für schonende Wassergabe ist fast unverzichtbar. Eine alte Flasche mit durchlöchertem Deckel ist die günstigste Lösung – damit lassen sich vor allem Samenkisten und Jungpflanzen behutsam gießen.

Gegenüber Ein Kräutergarten aus Salbei, Rosmarin und Minze in Töpfen zwischen Möhren, Lauch und Geranien

Bei Platzmangel sind Gefäße eine gute Wahl. Unabhängig vom Platz brauchen die Pflanzen im Schnitt mindestens sechs Stunden Sonnenlicht zum Überleben, so dass eine Nordseite problematisch ist.

Gebrauchte Töpfe

Neue Keramiktöpfe können schnell ins Geld gehen. Dabei eignet sich fast jedes Gefäß, sofern das Wasser ablaufen kann. Ich hatte mit geflochtenen Kartoffelsäcken aus Kunststoff Erfolg. Größere Dosen, Schalen und Eimer funktionieren prima, wenn man ihren Boden durchbohrt. Sie können auch in Geschäften und Restaurants nach leeren Behältern fragen.

Was man ziehen kann

Mit wenigen Ausnahmen wächst fast alles in Gefäßen. Wichtig ist, dass diese groß genug sind und nicht vollständig austrocknen. Die Eignung essbarer Pflanzen für die Aufzucht in Gefäßen ist in den jeweiligen Monatstabellen dieses Buches angegeben. Es gibt Pflanzen, die sich besonders für Gefäße empfehlen, diese sollte man vorziehen.

Essbares von der Fensterbank

Wenn Sie ein Fenster haben, das mehr oder weniger nach Süden geht, ist die innere Fensterbank ein brauchbarer Platz für Pflanzen. Eine Außenfensterbank bietet zusätzlich Stellfläche, vorausgesetzt die Fenster öffnen nach innen. Man kann drinnen auch einen Tisch oder eine Arbeitsplatte als Stellfläche nutzen: für Töpfe mit Sommerkräutern wie Basilikum, Minze, Schnittlauch, Oregano und Estragon oder mit wintergrünen Kräutern wie Rosmarin, Thymian und Salbei. Sie sind schnell geschnitten und verleihen dem Essen ein intensives Aroma. Auch Salat, Rucola, kleinwüchsiger Mangold, Senf und Senfkohl (Pak Choi) können ohne große Mühe gezogen werden. Etwa drei Wochen liegen zwischen Aussaat und Ernte. Eine fortdauernde Aussaat weniger Samen garantiert eine permanente Versorgung. Wählen Sie insbesondere Pflücksalate und Samentüten mit Salatmischungen. Für wenig Platz eignen sich auch Radieschen, Frühlingszwiebeln und essbare Blumen. Sogar Tomaten und Erdbeerpflanzen gedeihen an geschützten, sonnigen Plätzen.

Ein Jahr im **Kleingarten**

Frühling

MÄRZ	DRINNEN / UNTER GLAS	DRAUSSEN IN GARTENERDE
Artischocken	★	★
Auberginen	★	
Blumenkohl	★	★
Brokkoli (Sommerbrokkoli)	★	★
Brokkoli (Sprossbrokkoli)	★	
Brombeeren		★
Dicke Bohnen		★
Erbsen	★	
Erdbeeren		★
Fenchel		★
Frühlingskräuter	★	★
Frühlingszwiebeln	★	
Grünkohl	★	
Gurken		★
Johannisbeeren	★	
Kartoffeln	★	★
Knoblauch	★	★
Kürbis	★	★
Lauch	★	
Mangold	★	
Möhren	★	★
Paprika und Chili	★	★
Pastinake	★	★
Radieschen		
Rhabarber (Freiland)	★	
Rhabarber (vorgetrieben)		★
Rosenkohl	★	★
Rote Beete		★
Rotkohl		★
Rüben, Weiße		
Rucola		
Salat/Salatblätter	★	★
Schwarzwurzeln	★	★
Sellerie	★	
Sommerbeeren	★	
Sommerkräuter		★
Spinat		★
Steckrüben	★	
Tomaten	★	★
Weißkohl	★	★
Winterkräuter		
Zwiebeln/Schalotten	★	★

FÜR GEFÄSSE GEEIGNET	JETZT ERNTEN	REZEPTE UND WEITERE INFOS
★		Die perfekte Artischocke, 94; siehe 80, 93
★		Geräucherter Auberginensalat, 167; siehe 124, 155
★		Blumenkohlsuppe mit Kokosmilch, 182; s. 172, 183
★	★	Siehe 98
★	★	Risotto aus Sprossbrokkoli + Graupen, 39; siehe 35
		Siehe 108
★		Bohnen-Tabouleh, 92; siehe 68, 75, 113
★	★	Eiertörtchen mit Erbsen + Feta, 72; siehe 67
★		Siehe 83
★	★	Siehe 140
★		Kuku mit Ampfer + Mangold, 36; siehe 32, 39, 57
★		Grüne Suppe, 57; siehe 61, 72, 92, 112, 131
★		Safran-Reis-Brühe mit Wintergemüse, 38; siehe 42
★		Rauchige Gazpacho, 128; siehe 105, 167
★		Siehe 108
★	★	Kartoffelkuchen mit Parmesan, 93; siehe 57, 91
	★	Bohnen-Knoblauch-Püree, 113; siehe 39, 55, 75, 100
★	★	Kürbispastete, 169; siehe 124, 149, 162, 165, 167
★		Siehe 24, 38, 45, 57, 75
★	★	Kuku mit Ampfer + Mangold, 36; siehe 32, 39, 57
★		Siehe 167, 179
★	★	Siehe 112, 131, 143, 144
★		Pastinaken-Erbsen-Suppe, 202; siehe 193
		Siehe 64
★		Eton Mess mit Rhabarber, 56; siehe 52, 75
	★	Rhabarber-Linsen-Curry, 75; siehe 52, 56
★		Pikanter Rosenkohl, 203; siehe 27, 42, 195
★	★	Siehe 138
★	★	Salat aus Steckrüben + Rotkohl, 200
★	★	Siehe 180
★	★	Grüne Suppe, 57; siehe 46
★	★	Dicke Bohnen mit Salat, 75; siehe 57, 63
★		Siehe 190
★		Selleriegratin mit Steinpilzen, 182; siehe 175
★		Siehe 108
★		Kartoffelkuchen mit Parmesan, 93; siehe 28, 84
★		Siehe 32
★		Salat aus Steckrüben + Rotkohl, 200; siehe 197
★		Gebackene Tomaten, 131; siehe 120, 158, 166
★		Linsen-Kohl-Päckchen, 203; siehe 123
★	★	Siehe 150, 169, 198
★	★	Siehe 36, 39, 75, 161

Lauch

Der gute alte Lauch hat womöglich Ihren Teller den ganzen Winter über geziert. Es wird bald Zeit, neuen Lauch nachzupflanzen oder ganz neu mit ihm zu beginnen, in dieser oder der nächsten Woche (siehe Seite 31 und 83).
Wenn man mehr Lauch mit nach Hause bringt, als man gerade braucht, kann man ihn mehrere Tage lang in Wasser frisch halten, wie einen Blumenstrauß. Allerdings müssen die erdigen Wurzeln intakt sein.
Er lässt sich kleingeschnitten auch gut einfrieren, ohne dass man ihn vorher kochen oder blanchieren muss. Er kann dann gleich aus der Gefriertruhe in die Pfanne geworfen werden – ausgezeichnet für ein Frühstücksomelette an einem kühlen Märzmorgen.

Rechts Sammeln von Rucolasamen

Anfang März

Das Jahr beginnt

Es sieht zwar noch nicht nach Frühling aus, aber der Kalender und ein paar Schneeglöckchen in meinem Kleingarten beweisen es. Immer noch sind die Tage schmerzhaft kurz und ich komme nur an Wochenenden dazu, die Grabegabel in die Hand zu nehmen, gekleidet in dicke Wollpullover. Ich gehe regelmäßig mit meinen Küchenabfällen in den Garten, nehme dann etwas Grünkohl oder Lauch mit nach Hause, kurz vor dem Abendessen häufig mit einer Taschenlampe in der Hand. Und dabei träume ich davon, was mir dieses Gartenjahr wohl bringen wird.

Im März beginnt mein Gartenjahr und ich zelebriere den Beginn, indem ich Blumenerde im Gartencenter besorge. Daheim stecke ich dann die ersten Samen in die Erde. Nur für Erde und Samen gebe ich im Moment Geld aus. Mit der Zeit werde ich immer sparsamer. Ich hebe die Essensschalen vom China-Imbiss auf, da sie sich ausgezeichnet als Aussaatgefäße eignen – sie sind klein, und so komme ich nicht in Versuchung, zu viel auszusäen. Das Beste daran ist, dass ich sie kostenlos mit dem chinesischen Essen bekomme. Nicht, dass ich häufig Fast Food beim Chinesen bestelle (obwohl ich Tofu in Bohnensoße zusammen mit meinem gedünsteten Mangold sehr gerne mag), aber mit Unterstützung meiner Mitbewohner haben sich den Winter über mehr als ein Dutzend dieser Schalen angesammelt. Toilettenpapierrollen und Eierkartons lagern noch auf meiner Schuhablage, aber bald werden sie als kompostierbare Saattöpfe herhalten.

Wie immer habe ich im Gartencenter nicht widerstehen können und mehrere Samentüten gekauft. Als ich bezahlte, dachte ich an all die überschüssigen Samen der vergangenen Jahre. Grundsätzlich bin ich hinsichtlich von Mindesthaltbarkeitsdaten auf Packungen nicht pedantisch, aber wenn es um Samen geht, achte ich sehr darauf. Denn wenn sie zu alt sind, gehen sie vielfach nicht auf.

»Man lernt nie aus: Ohne erstklassige Setzkartoffeln funktioniert es nicht.«

Setzkartoffeln sind in jedem Jahr ein Muss. Ich habe meine vor etwa drei Wochen gekauft und sie lagern, vor direkter Sonne geschützt, friedlich in Eierkartons im Wohnzimmer. Sie können erst in ein paar Wochen in die Erde. Im letzten Jahr baute ich die Sorte »Rocket« an, von der ich im Mai perfekte Winzlinge ernten konnte und im September dann stattlich große Exemplare. In diesem Jahr werde ich sie wieder pflanzen, diesmal neben die Sorte »Désirée«, eine rotschalige Festkochende. In meinem ersten Jahr im Kleingarten versuchte ich einige von Teneriffa selbst mitgebrachte Kartoffeln zu vermehren. Doch die faszinierende schwarze Sorte brachte nur Kartoffeln in Bohnengröße hervor. Das war schon ein klein wenig enttäuschend – aber ich habe daraus gelernt: Experimente sind schön und gut, aber ohne erstklassige Setzkartoffeln funktioniert es nicht.

Was jetzt getan werden muss

Unten Fenchel wird gesät.

Die Samen sonnenliebender Pflanzen säen

Jedes Jahr säe ich als erstes Tomaten aus. So kann ich zu Beginn des Hochsommers stattliche Pflanzen und viele Früchte vorweisen, die in der kräftigen Sonne an Süße gewinnen. Das gleiche gilt für Auberginen, Paprika und Chili.

Die Samen dieser Pflanzen sind etwa gleich groß (Paprikasamen können etwas größer sein), so dass man bei allen die gleiche Saattechnik anwenden kann. Verwenden Sie kompostierbare Aussaattöpfe, halbierte Toilettenpapierrollen oder Eierkartons. In die feinkörnige Aussaaterde stecken Sie zwei oder drei Samen pro Topf, bedecken die Samen mit etwas Erde und drücken diese vorsichtig an. Dann gründlich wässern. Unter einer transparenten Abdeckung oder Frischhaltefolie warten die Samen an einem warmen Platz abseits der Sonne auf ihre Keimung. Wenn sie gekeimt sind, entfernt man die Folie, stellt die Pflanzen an einen sonnigen Platz und hält sie feucht (vorsichtig wässern!).

Wenn die Keimlinge nach den Keimblättern ihr erstes Blattpaar gebildet haben, wählen Sie die kräftigste Pflanze aus und schneiden die anderen zurück, damit sie absterben. Das hört sich brutal an, funktioniert aber.

Kräuter, Salat und Radieschen säen

Diese schnell wachsenden Pflanzen sollten für eine permanente Versorgung in den kommenden Monaten immer wieder ausgesät werden. Fangen Sie schon jetzt damit an, am besten auf der Fensterbank – wenn die frischen Keime erscheinen, motiviert das schon zur wöchentlich anstehenden Aussaat.

Sommerkräuter wie Dill, Petersilie, Minze, Basilikum und Koriander können direkt in kleine oder größere Töpfe gesät werden. Für Salat sollte man Saatschalen verwenden oder auch Essensschalen vom China-Imbiss, in deren Boden man Löcher sticht. Füllen Sie Saaterde ein und bestreuen Sie diese mit den kleinen Samen. Dann bedecken Sie die Samen mit einer dünnen Erdschicht, wässern behutsam und spannen bis zur Keimung eine Frischhaltefolie darüber. Wenn der Salat einige Zentimeter gewachsen ist, kann er in die Erde verpflanzt werden oder in größere Töpfe. Den einen oder anderen Baby-Salat kann man natürlich auch verzehren. Kräuter können länger im Topf bleiben und sollten erst bei verlässlicher Wärme nach draußen gestellt werden.

Radieschen kann man in Töpfe oder gleich ins Freiland säen. Wenn das Grün 2 cm hoch ist, muss man ausdünnen, damit die Knollen Platz zum Wachsen bekommen. Werfen Sie die Keimlinge aber nicht weg – sie geben dem Salat oder dem Butterbrot eine pfeffrige Note.

Wenn Sie noch keine Winterkräuter (Rosmarin, Thymian, Salbei) haben, kaufen Sie jetzt kleine Pflanzen und setzen diese in größere Töpfe, Balkonkästen oder direkt ins Freiland; so verhelfen Sie ihnen zu einem guten Start.

Tipp

Jetzt schon Sommerbrokkoli für eine frühe Ernte säen (siehe Seite 44–45).

Spätes Wintergemüse

Harter Winterkohl wie Grünkohl, Toskanischer Palmkohl oder Rosenkohl ist unbezahlbar. Die Sorten halten den ganzen Winter über und treiben sogar im Frühjahr neue Blätter nach. So ist eine sukzessive Ernte möglich, anders als bei anderen Kohlsorten, deren Köpfe man ganz abschneidet. Das überaus nahrhafte Blattgemüse ist vielseitig verwendbar in Gemüsepfannen, Bohnen- oder Nudelsuppen, aber auch gedünstet als Beilage. Wenn die Röschen des Rosenkohls bereits »aufgeblüht« sind, kann man sie dennoch essen. Natürlich lassen sich diese Kohlsorten auch einfrieren. Entweder roh oder man blanchiert sie eine Minute lang, spült sie mit kaltem Wasser ab, lässt sie abtropfen und füllt sie dann in Portionsbeutel.

Petersilie

Ich habe meine Liebe für die krause Petersilie wiederentdeckt. Sie hat ein süßeres Aroma und sieht hübscher aus als die flachblättrige vom Mittelmeer.
Petersilie ist ein Multitalent in der Küche: mit Minze und Bulgur im libanesischen Tabouleh, in grüner Soße (püriert mit Basilikum, Minze, Knoblauch, Kapern und Olivenöl – schmeckt fantastisch zu Fisch oder Kartoffeln), in Gremolata-Soße (zerstoßen mit Salz, Knoblauch und Olivenöl) und natürlich als Suppengewürz, zusammen mit Zwiebeln, Knoblauch und Kartoffeln.
Im vergangenen Jahr stellte ich fest, dass sich die cremeweißen Petersilienwurzeln als Gemüse eignen. Abgebürstet und gekocht schmecken sie intensiv nach Petersilie und erinnern an die Pastinake. In Europa baut man häufig die Sorte »Hamburg« an, von der man Wurzel und Blätter erntet.
Petersilie ist zweijährig, trotzdem sät man sie am besten jährlich neu aus.

Mitte März

Die letzten Überlebenden

Die Saatschalen stehen warm zu Hause auf der Fensterbank und die ersten winzigen grünen Keimlinge haben sich an die Oberfläche gewagt – wie aufregend! Jetzt ist es Zeit, im Kleingarten einige Arbeiten zu erledigen, auch wenn es regnet oder ein heftiger Wind geht. Ich verlasse mich dabei auf das Sprichwort »Der März kommt als Löwe und geht als Lamm« – demnach beginnt der Monat ruppig und endet frühlingshaft. Wenn das Wetter nicht zu scheußlich und der Boden aufgetaut ist, kann ich mit dem Umgraben beginnen und Gemüsereste beiseiteräumen. Dabei wärmt mich die Bewegung schnell auf.

Wochenlang habe ich keinen meiner Kleingartennachbarn gesehen. Das könnte daran liegen, dass ich ehrgeiziger und zwanghafter bin als sie. Doch je eher ich einige Dinge anpacke, desto früher ernte ich Erfolge, sage ich mir. Es gilt jetzt, alles Abgestorbene sowie neu sprießendes Unkraut zu beseitigen und dann die Erde mit frischem Kompost auf die nächste Runde vorzubereiten. In den letzten Jahren habe ich auf einem Flecken im Kleingarten ansehnliche Petersilie gezogen, aber in diesem Jahr werde ich sie daheim in der Küche in Töpfen aussäen. Ein paar Dinge müssen sich jetzt verändern.

Mein Kohl – Sprossbrokkoli, Grünkohl, Toskanischer Palmkohl und eine Säule recht zotteliger Rosenkohl – sieht immer noch stattlich aus. Und auch mein Rucola ist noch grün. Rucola gehört zur Kohlfamilie, was erklärt, wie er Frost und eine dicke Schneeschicht im Februar unbeschadet ertragen kann. Nichts ist so widerstandsfähig und wächst so üppig wie Kohl. Auch Mangold entwickelt sich wieder und der unverwüstliche Lauch und die Zwiebeln machen einen zufriedenen Eindruck.

Im vergangenen Jahr hatten wir eine so umwerfende Knoblauchernte, dass wir nicht alle Zwiebeln ausgraben konnten. So starben die Blätter ab, die Pflanze zog

Oben Ein Kürbis-Keimling
Links Grünkohl-Sämlinge

»Je eher ich es anpacke, desto eher ernte ich Erfolge.«

ein und treibt jetzt wieder aus. Wir essen den Knoblauch nun wie Frühlingszwiebeln – vielleicht habe ich so ein neues Gemüse erfunden, ich taufe es »Knoblauch-Schalotte«. Diesen Fehler werde ich jedenfalls mit Freude wieder begehen.

Oben Die unverzichtbare Handgabel erleichtert das Ausgraben von Frühlingszwiebeln.

Was jetzt getan werden muss

Dicke Bohnen und Erbsen säen

Wenn diese Gemüsesorten bereit zum Verzehr sind, ist dies ein untrügliches Zeichen dafür, dass der Winter vorbei ist. Von Dicken Bohnen und Erbsen kann man nicht genug anpflanzen, da jede Pflanze meiner Erfahrung nach nur kleine Erträge liefert. Aber der süße, frische Geschmack ist den Anbau wert. Vielleicht haben Sie ja noch Bohnen aus dem vergangenen Jahr – dann ist jetzt die Zeit zur Aussaat. Auch Erbsen können nun und dann alle zwei bis drei Wochen bis in den Juni hinein gesät werden. So stehen sie in den warmen Monaten stets zur Verfügung. Erbsen mögen allerdings kühlere Bedingungen und gedeihen in besonders heißen Sommern nur schlecht. Dicke Bohnen werden im Abstand von 20 cm ein- oder mehrreihig 3–5 cm tief in den Boden gesteckt. Man kann auch einen großen Topf von 60 cm Durchmesser nehmen, der Platz für etwa sechs Pflanzen hat. Wenn sie Kniehöhe erreicht haben, benötigen sie eine Stütze. Die Pflanzen sind anfällig für die Schwarze Bohnenlaus. Knipsen Sie daher beim Beginn der Blüte die Spitzen ab (siehe Seite 67), das fördert auch das Schotenwachstum. Die jungen Spitzen können gekocht gegessen werden.

Erbsen werden mit einem Abstand von 5 cm und 4 cm tief ins Freiland oder in Töpfe gesät, oder auch in Saatschalen, um sie nach dem Keimen auszupflanzen. Zweige zwischen den Pflanzen sind als Stützen notwendig – die sich windenden Triebe klammern sich daran fest. Ich säe stets sehr viele Erbsen aus, weil ich die frischen Triebe gerne für Salate verwende (siehe Seite 67).

Lauchgewächse anpflanzen

Wenn noch nicht geschehen, machen Sie ein größeres Beet frei für Lauchgewächse. Es ist nun an der Zeit, Zwiebeln, Knoblauch und Schalotten zu setzen und Lauch in Töpfe zu säen, der im Mai oder Juni ausgepflanzt werden kann. Mitglieder der Lauchfamilie gehören zu den pflegeleichtesten Pflanzen und man kann nie genug von ihnen haben. Setzzwiebeln kommen mit den Wurzeln nach unten direkt unter die Erdoberfläche. Lassen Sie genügend Platz zwischen den einzelnen Zwiebeln, da sie um ein mehrfaches ihrer jetzigen Größe wachsen werden. Frühlingszwiebeln und Lauch werden 2 cm tief gesät. Die Lauchbeete sollten unkrautfrei gehalten werden – auch, weil die aufrechten Blätter dann am wirkungsvollsten sind. Ende Mai kommt der Lauch dann an seinen endgültigen Standort (siehe Seite 83). In Gefäßen tut sich Lauch schwer, es sei denn, man erntet die sehr jungen Pflanzen. Frühlingszwiebeln und Knoblauch wachsen dagegen gut in Töpfen.

Tipp

Beerensträucher spätestens jetzt pflanzen und bestehende Sträucher mulchen.

Frühlingskräuter

Kerbel, Schnittlauch und Sauerampfer erscheinen früh. Man kann sie in Töpfe und ins Freiland säen oder fertige Pflanzen kaufen.
Kerbel hat filigrane Blätter und ein zartes Lakritzaroma. Er passt gut zu Kartoffeln und Eiern.
Schnittlauch gehört auf alles, was nach einem Hauch Zwiebelgeschmack verlangt. Auch seine kugeligen Blüten kann man essen.
Sauerampfer hat eine intensive, zitronenartige Schärfe und schmeckt besonders im Salat (siehe Rezept auf Seite 36).
Wilde Veilchen, die ersten essbaren Blüten, sollten jetzt auftauchen.
Liebstöckel schmeckt etwas intensiver als Sellerie. Blätter, Blüten und Samen dieser imposanten Pflanze sind essbar.
Borretsch blüht strahlend blau, aber die Blätter sind wegen ihrer Härchen nur sehr klein geschnitten gut essbar.
Außer dem zweijährigen Kerbel sind alle genannten Kräuter mehrjährig.

Mangold

Dieses Gemüse säe ich den gesamten Sommer über aus und es rettet mich über den Winter. Es gibt zahlreiche Mangold-Arten in verschiedenen Farben. Mangold nennt man aufgrund der sukzessiven Erntemöglichkeit manchmal auch »wiederkehrenden Spinat«. Jungen Mangold kann man als Salat verwenden, aber wenn die Blätter größer sind als 10 cm, sollte man sie kochen. Jetzt geht die Ernte des im letzten Spätsommer ausgesäten Mangolds zu Ende. Wenn er schießt und blüht, wird er bitter, daher sollte man vorher möglichst viel verzehrt oder eingefroren haben. Kurzes Blanchieren und Auspressen der Feuchtigkeit reduziert den erforderlichen Platz in der Gefriertruhe.
Man kann Stiele und Blätter separat kochen, aber ich bereite sie zusammen zu, so dass die Blätter zusammenfallen und die Stiele kurz angedünstet sind.

Rechts Tomatenpflanzen im Frühbeetkasten. Wenn sie im frühen März ausgesät wurden, sollten sie im Mai etwa 10 cm hoch sein. Ende Mai bis Anfang Juni können sie ausgepflanzt werden.

Ende März

Gut gerüstet sein

Tatsächlich: Der Löwe zieht sich zurück, das Lamm traut sich heraus. Vielleicht wird es noch einige Unwetter im zeitigen Frühjahr geben, aber die Tage werden zusehends länger – wie meine Liste an Aufgaben.

Wenn ich meine wachsenden Tomatensämlinge sehe, bekomme ich Lust, einige Schalen mit grünem und purpurnem Basilikum auszusäen – beides kann man sehr gut zusammen essen. Wenn ich sie wieder neben Tomaten und Salat setze, werde ich mir auch in diesem Jahr etwas gegen die Schnecken einfallen lassen müssen. Ich gebe es nicht gerne zu, aber angesichts zahlreicher Niederlagen werde ich wohl wieder auf Schneckenkorn zurückgreifen, falls zerstoßene Eierschalen rings um die Pflanzen nicht helfen. Häufig mögen Schnecken die scharfen Schalen nicht unter ihrem schleimigen Bauch.

Für die Aussaat sammele ich ständig Behälter wie Konservendosen und große Joghurtbecher, und von meinem türkischen Gemüsehändler bekomme ich aus Kunststoff gewebte Kartoffelsäcke, die ich als große Pflanzbehälter nutze. In Recyclingcontainern finde ich zudem reichlich Plastikgefäße. Grundsätzlich eignet sich alles, was im Laufe der Saison nicht kompostiert.

Helle, trockene Tage an Wochenenden sind ideal, um sich die Hände dreckig zu machen (wobei ich auf meine Fingernägel achte und daher Latexhandschuhe unter meinen Gartenhandschuhen trage). Sobald es das Wetter erlaubt, bin ich im Garten zugange. Eines sonnigen Nachmittags ergriff ich die Gelegenheit und grub die Lauchfläche komplett um – obwohl man den Lauch noch gut essen konnte. Daher hob ich an einem Ende ein Loch aus, legte die verbliebenen Lauchstangen dort dicht hinein, deckte sie mit Erde ab und versicherte ihnen, dass sie bald im Kochtopf landen würden. So können sie einige Wochen ohne Probleme lagern, bis sie Blüten bilden, was dann ihr Ende andeutet.

Was jetzt getan werden muss

»Bleiben Sie bei einer Sorte Zuckermais; durch Windbestäubung können ansonsten Kreuzungen mit kranken, deformierten Maiskörnern entstehen.«

Zuckermais drinnen aussäen

Jede Zuckermaispflanze wird eindrucksvoll hoch und liefert ein bis zwei Kolben. Man sollte jedoch wissen, dass der Ertrag gemessen am Platzbedarf der Pflanze recht gering ist und Mais daher keine besonders ökonomische Pflanzenwahl darstellt. Dennoch sind es prächtige Gewächse und für mich ist der saftig-süße Geschmack frisch geernteter Kolben das Beste überhaupt.

Aber: Zuckermaisanbau kann verzwickt sein – ich hatte bisher durchwachsene Resultate. Oft keimt Mais nicht verlässlich, besonders bei Direktsaat ins Freiland. Außerdem ist er gefährdet durch Schneckenbefall, Vögel und Fäule bei zu feuchter Witterung. Daher empfiehlt sich die Aussaat in Multitopfplatten oder kleinen Einzelgefäßen; man kann sich dann die kräftigsten Exemplare zum Auspflanzen aussuchen. Da Mais eine lange, warme Saison braucht, sollte man ihn von nun an bis Ende April im Haus oder Gewächshaus aussäen. Ab Mai kann er auch draußen gesät werden. Bleiben Sie bei einer Sorte Zuckermais; durch Windbestäubung können ansonsten Kreuzungen mit kranken, deformierten Maiskörnern entstehen.

Man kann die Samen auch im Dunklen zwischen zwei feuchten Lagen aus Küchenpapier vorkeimen. So erkennen Sie schnell, welche Samen Aussicht auf Erfolg haben. Für eine sichere Bestäubung braucht man mindestens zehn Pflanzen. Sehen Sie daher bei der Aussaat in Gefäßen drei bis vier Pflanzen pro Topf vor.

Die trockenen oder vorgekeimten Samen kommen in kleine Töpfe und werden 2 cm hoch mit Substrat bedeckt. Wenn sie 10 cm hoch sind, können sie mit einem Abstand von ca. 45 cm ins Freiland. Die Anpflanzung im Block anstatt in einer Reihe ist aufgrund der Windbestäubung erfolgversprechender.

Artischocken säen

Wenn Sie Platz haben oder einen großen Topf, müssen Sie unbedingt Artischocken ziehen. In meinem ersten Kleingartenjahr habe ich meine aus Samen gezogen und nun versorgt mich die riesenhafte Pflanze den ganzen Sommer lang mit Dutzenden dieser schmackhaften Köpfe. Die bemerkenswerten Pflanzen sind eigentlich große Disteln und ich verschone stets einige Knospen und lasse sie zur schönen, blauvioletten Blüte kommen.

Ziehen Sie Artischocken aus in Komposterde gesteckten Samen, aus gekauften Jungpflanzen oder aus Stecklingen, die Ihnen der Gartennachbar gibt. Da sie nicht umgepflanzt werden wollen, sollte man sich die Stelle genau überlegen.

Sellerie säen

Knollensellerie ist ein Wurzelgemüse. Ein Großteil dieser Wurzeln reicht als lange Fäden tief ins Erdreich, die bei der Ernte abgeschnitten werden. Er ist verwandt mit Staudensellerie, Pastinake und Petersilie; die Blätter sehen alle ähnlich aus. Mir ist es bislang nicht gelungen, große Knollen zu ernten und stets musste ich viel dünnes Wurzelwerk wegschneiden. Trotz allem – der intensive Geschmack des selbstgezogenen Selleries ist phänomenal.

Knollensellerie wächst langsam, ist aber im Haus leicht aus Samen zu ziehen. Sobald sich die flachen, petersilienähnlichen Blätter gebildet haben, können die Pflanzen ins Freiland. Sellerie sollte allerdings nicht zu trocken stehen – er mag es feucht.

Tipp

Der gemeine Fenchel (das Kraut) und der Gemüsefenchel können von jetzt ab im Gewächshaus oder auf der Fensterbank und dann bis in den Juni hinein ausgesät werden (siehe Seite 140).

Sprossbrokkoli

Diese Pflanze schmückt mit ihren blaugrünen Blättern meinen Kleingarten, bis sich der Winter davonmacht. Mit Beginn der neuen Saison bildet sie ihre purpurfarbenen Blütenknospen. Bevor sie blüht, muss man die oberen Brokkolistiele schneiden. Man kann alles essen – Stiel, Knospen und Blätter. Danach treibt die Pflanze wieder willig aus. Wenn man mit dem Verzehr nicht nachkommt, muss man den Überschuss eben einfrieren.

Sprossbrokkoli erfüllt alle Anforderungen: Für jede Jahreszeit gibt es eine Sorte, er ist einfach zu ziehen, ergiebig, günstig, gesund und schmackhaft. Gekocht, gedünstet oder gebraten passt er gut zu asiatischen Gewürzen wie Sojasoße, Chili und Sesam und verträgt sich gut mit Eiern und Käse. Zum Beispiel schmeckt er wunderbar gehackt, mit Knoblauch, Frühlingszwiebeln und Chili angebraten und mit etwas Zitronensaft unter Nudeln gerührt.

Kuku mit Ampfer + Mangold

Kuku ist ein persisches Omelette mit verschiedenstem Gemüse sowie Pinienkernen und getrockneten Früchten, das in Kuchenstücken serviert wird. Ampfer sorgt für etwas Schärfe, man kann ihn aber auch durch anderes Gemüse ersetzen. Berberitzen findet man meist in asiatischen Geschäften. Kalt schmeckt das Gericht am besten.

- 2 EL Berberitzen oder Sultaninen
- 1 EL + 2 TL Rapsöl oder Olivenöl
- 2 mittelgroße Zwiebeln, gehackt
- 200 g Mangoldblätter mit Stiel, gehackt
- 100 g Ampferblätter ohne Stiel, gehackt
- 50 g Pinienkerne
- 6 Eier
- 4 EL Frischkäse
- Meersalz und frisch gemahlener Pfeffer
- 1 Messerspitze Cayennepfeffer
- 1 Handvoll frisch gehackte Petersilie

Küchengrill oder Backofen auf 200 °C vorheizen.

Zuerst Berberitzen oder Sultaninen in heißem Wasser einweichen.

Eine mittelgroße, beschichtete Pfanne anwärmen und einen Esslöffel Öl hineingeben. Die Zwiebeln darin dünsten, bis sie goldfarben sind, dann in eine Schüssel geben.

Das gehackte Gemüse mit einer Messerspitze Salz dünsten und ständig rühren, bis es zusammenfällt. In einem Sieb abtropfen lassen und zusammen mit den ebenfalls abgetropften Trockenfrüchten und den Pinienkernen zu den Zwiebeln geben und alles vermengen. Die Mischung in eine Hälfte der Schüssel schieben, um in der anderen Platz für die Eier, den Frischkäse, Salz, Pfeffer und Cayennepfeffer zu haben. Dies gut vermengen und schließlich das Gemüse einrühren.

Pfanne auf schwacher Hitze vorheizen und zwei Teelöffel Öl hineingeben. Dann die Eier-Gemüse-Mischung in die Pfanne füllen und glatt streichen. Den Rand des Omelettes immer wieder mit einem Pfannenheber lösen. 10–15 Minuten braten, bis die Unterseite goldbraun ist und sich der Rand leicht hebt. Dann das Gericht etwa 5 Minuten unter einem Grill oder im Backofen auch oben goldbraun werden lassen.

Kurz abkühlen lassen, dann die Pfanne schütteln, um das Omelette zu lösen. Das fertige Kuku auf einen großen Teller schieben. Auskühlen lassen und kalt stellen. In Kuchenstücken mit gehackter Petersilie servieren.
Ergibt 4–6 Portionen

Tipp Wiegen Sie das gehackte Gemüse vor dem Waschen.

Safran-Reis-Brühe mit spätem Wintergemüse

Grünkohl, Toskanischer Palmkohl, Rosenkohl oder anderes Wintergemüse können für diese wohltuende Winterbrühe verwendet werden, der Safran und Steinpilze ihr intensives Aroma verleihen. Brauner Wildreis ist besonders gesund – aber Sie können eigentlich jeden Reis verwenden. Am besten schmeckt hier Risottoreis.

- 2 EL Olivenöl und etwas Öl zum Verfeinern
- 2 Lauchstangen in feinen Scheiben
- 150 g Wildreis
- 1,5 l Brühe
- 20 g getrocknete Steinpilze, eingeweicht
- 2 Messerspitzen Safranfäden
- Ca. 120 g gehacktes Wintergemüse
- Frisch gemahlener schwarzer Pfeffer
- Frisch geriebener Parmesan

Einen großen Topf bei mittlerer Hitze anwärmen und das Öl zugeben. Lauch anbraten, bis er weich und goldfarben ist. Reis einstreuen und andünsten, dann die Brühe mit den Pilzen und dem Safran angießen, aufkochen und unter gelegentlichem Umrühren köcheln lassen, bis der Reis fast fertig ist.

Das Gemüse dazugeben und 5–7 Minuten kochen lassen, bis es zart ist. In tiefen Tellern servieren, mit einigen Tropfen Olivenöl, schwarzem Pfeffer und frisch geriebenem Parmesan verfeinern. **Ergibt 4 Portionen**

Tipp Das Lauchgrün aufheben, gründlich waschen, mit etwas Salz zu einem Fond kochen. Bei Grünkohl und Toskanischem Palmkohl Blattunterseiten mit einer Bürste unter fließendem Wasser säubern, dann die zarten Blätter vom Stiel trennen.

Risotto aus Sprossbrokkoli + Graupen

Die wunderbar bissfesten Gerstengraupen sind ein vollwertiger Ersatz für Risottoreis and passen zum Sprossbrokkoli. Dieses Rezept ist auch eine gute Grundlage für anderes Gemüse – Erbsen, Dicke Bohnen, Spargel, Zuckermais oder Fenchel können anstelle von Brokkoli verwendet werden.

- 2 EL Olivenöl
- 1 große Zwiebel, gehackt
- 3 Knoblauchzehen, gehackt
- 150 g Graupen
- 150 ml Weißwein oder Wermut
- 1 l Brühe
- 1 Zitronenschale, fein gerieben
- Meersalz und frisch gemahlener schwarzer Pfeffer
- 150 g Sprossbrokkoli, ganze Köpfe und geschnittene Stiele
- 2 EL frisch geriebener Parmesan und etwas mehr zum Garnieren

Eine tiefe Pfanne bei mittlerer Hitze anwärmen und das Öl zugeben. Zwiebeln dünsten, bis sie weich und glasig sind, den Knoblauch und die Graupen einstreuen und umrühren, bis der Knoblauch stark duftet. Nun mit Wein ablöschen. Köcheln lassen, bis der Wein aufgesogen ist. Brühe, Zitronenschale, Salz und Pfeffer hinzufügen. Unter gelegentlichem Umrühren 30–45 Minuten kochen, bis die Graupen zart sind und die Flüssigkeit nahezu absorbiert ist. (Anders als Risottoreis sind Graupen nicht gleich »ruiniert«, wenn sie etwas zu lange gekocht wurden. Am besten schmecken sie allerdings leicht bissfest.)

Fünf Minuten vor dem Servieren den Brokkoli dazugeben, umrühren und zugedeckt leicht köcheln lassen, bis die Graupen hellgrün geworden sind. Zwei Esslöffel Parmesan einrühren. In warmen Schalen servieren und mit Parmesan bestreuen. **Ergibt 4 Portionen**

Tipp Wenn man die Graupen wenige Minuten in etwas Essigwasser einweicht, wird man eventuell versteckte Kleininsekten schnell los.

Mangold mit Kichererbsen

Ein schnelles Essen – mit Couscous oder Reis ergänzbar.

Die Kichererbsen aus der Konserve abtropfen lassen und mit gehacktem Knoblauch in Olivenöl anbraten. Ein paar Handvoll gehackten Mangold und etwas Salz und Pfeffer dazugeben und umrühren, bis das Gemüse einfällt. Etwas Pimentón sowie einen Spritzer Zitronensaft einrühren.

Zitronensaft, Salz und gemahlenen Kreuzkümmel mit Joghurt verrühren und als Haube auf das Gemüse geben.

APRIL	DRINNEN / UNTER GLAS	DRAUSSEN IN GARTENERDE
Artischocken		★
Auberginen	★	
Blumen	★	★
Blumenkohl	★	★
Brennnesseln		
Brokkoli (Sommerbrokkoli)	★	
Brokkoli (Sprossbrokkoli)	★	★
Dicke Bohnen		★
Erbsen	★	★
Erdbeeren	★	★
Fenchel	★	
Frühlingskräuter	★	★
Frühlingszwiebeln	★	★
Grünkohl	★	★
Gurken	★	
Kartoffeln		★
Knoblauch		★
Kohl, Jungpflanzen und Blätter		
Kohl (Frühling)		
Kohl (Sommer/Winter)	★	★
Kürbis	★	
Lauch	★	★
Mangold	★	★
Möhren		★
Paprika und Chili	★	
Pastinake		★
Radieschen	★	★
Rhabarber		★
Rosenkohl	★	★
Rote Beete		★
Rüben, Weiße		★
Rucola	★	★
Salat/Salatblätter	★	★
Schwarzwurzeln		★
Sellerie	★	★
Sommerkräuter	★	★
Spargel		★
Spinat	★	★
Stangen- und andere Bohnen	★	★
Steckrüben		★
Tomaten	★	
Winterkräuter	★	★
Zucchini	★	
Zuckermais	★	
Zwiebeln/Schalotten		★

FÜR GEFÄSSE GEEIGNET	JETZT ERNTEN	REZEPTE UND WEITERE INFOS
		Die perfekte Artischocke, 94; siehe 80, 93
★		Geräucherter Auberginensalat, 167; siehe 124, 155
★		Siehe 116
★	★	Blumenkohlsuppe mit Kokosmilch, 182; s. 172, 183
	★	Grüne Suppe, 57; siehe 48
★		Siehe 98
★	★	Risotto aus Sprossbrokkoli + Graupen, 39; siehe 35
★		Bohnen-Tabouleh, 92; siehe 68, 75, 113
★		Eiertörtchen mit Erbsen + Feta, 72; siehe 67
★		Siehe 83
★		Siehe 140
★	★	Kuku mit Ampfer + Mangold, 36; siehe 32, 39, 57
★	★	Grüne Suppe, 57; siehe 61, 72, 92, 112, 131
★	★	Safran-Reis-Brühe mit Wintergemüse, 38; siehe 42
★		Rauchige Gazpacho, 128; siehe 105, 167
★		Kartoffelkuchen mit Parmesan, 93; siehe 57, 91
★		Bohnen-Knoblauch-Püree, 113; siehe 39, 55, 75, 100
	★	Siehe 27
★	★	Linsen-Kohl-Päckchen, 203; siehe 123
★		Siehe 123, 200, 203
★		Kürbispastete, 169; siehe 124, 149, 162, 165, 167
★	★	Siehe 24, 38, 45, 57, 75
★	★	Kuku mit Ampfer + Mangold, 36; siehe 32, 39, 57
★		Siehe 167, 179
★		Siehe 112, 131, 143, 144
★		Pastinaken-Erbsen-Suppe, 202; siehe 193
★	★	Siehe 64
		Rhabarber-Linsen-Curry, 75; siehe 52, 56
★		Pikanter Rosenkohl, 203; siehe 27, 42, 195
★		Siehe 138
★		Siehe 180
★	★	Grüne Suppe, 57; siehe 46
★	★	Dicke Bohnen mit Salat, 75; siehe 57, 63
★		Siehe 190
★		Selleriegratin mit Steinpilzen, 182; siehe 175
★		Kartoffelkuchen mit Parmesan, 93; siehe 28, 84
★	★	Ricotta-Päckchen mit Spargel + Linsen, 55; siehe 50
★	★	Siehe 32
★		Bohnen mit Sojasoße, 112; siehe 106, 127, 131
★		Salat aus Steckrüben + Rotkohl, 200; siehe 197
★		Gebackene Tomaten, 131; siehe 120, 158, 166
★	★	Siehe 150, 169, 198
★		Zucchini-Snack, 113; siehe 102, 128, 148
★		Mais-Avocado-Suppe, 131; siehe 119
★		Siehe 36, 39, 75, 161

Anfang April
Tipps von Fred

Fred kümmert sich um zwei von den acht Parzellen unserer Anlage. Er ist pensioniert und hat daher genügend Zeit. Den Winter verlebt er in seiner Heimat Jamaika, aber nun ist er zurück und schon wieder mitten in der Arbeit. Frau Gaynor stammt ebenfalls aus Jamaika und wohnt in einem Haus neben unserer Kolonie. Ihre Parzelle liegt neben der von Fred, der einen Teil davon bewirtschaftet. Letzte Woche war sie mit ihrer Katze namens Patch im Garten und ich fragte sie nach Fred. »Er wird bald zurück sein«, sagte sie, »und uns wie üblich übertrumpfen.«

Da stimme ich ihr zu. Ich weiß nicht, worauf es neben seinem Fleiß noch zurückzuführen ist, aber sein Gemüse ist stets größer und kräftiger als unseres und seine Beete sind immer sauber und unkrautfrei. Und dabei ist er den Winter über am anderen Ende der Welt und rührt keinen Finger! Ich werde wohl wieder eine Saison voller neidischer Blicke auf Freds Gemüse vor mir haben.

Fred ist eine unerschöpfliche Wissensquelle. Immer wenn wir anderen ratlos sind, gibt er uns einen kleinen Wink. Im ersten Jahr zeigte er uns, wie man am besten Kartoffeln aus der Erde bekommt. Außerdem gibt er großzügig Samen und Setzlinge ab. Sein Kürbis aus der Karibik ist einer der besten und ich nutze die Samen Jahr für Jahr. Auch werde ich nie vergessen, wie er sich im ersten Jahr meine Möhrenreihen anschaute und sagte: »Kräftige Möhren hast du da.« »Danke«, antwortete ich stolz. »Aber du musst sie stärker ausdünnen, damit sie mehr Platz zum Wachsen haben.«

Diesen Tipp habe ich mir eingeprägt und widme mich nun jährlich dem mörderischen Prozess des Ausreißens kräftiger Jungpflanzen. Glücklicherweise kann man das Ausgerissene meist essen und es schmeckt sogar ausgezeichnet!

Junge Kohlpflanzen und -blätter

Eher zufällig entdeckte ich, dass es außer Sprossbrokkoli noch anderes nachtreibendes Gemüse gibt. Einen Nachschlag bekommt man beispielsweise, wenn man nach einem milden Winter Grün-, Rosen- oder Toskanischen Palmkohl bis in den Frühling hinein stehen lässt.
Wenn der Frühling in der Luft liegt, wollen sie sich fortpflanzen und treiben aus. Erntet man diese blühfähigen Triebe in knospigem Zustand, kann man sie wie Brokkoli verwenden. Zudem sind die jungen Blätter sehr schmackhaft: Beim Kochen oder Dünsten werden sie süß und zart.

Rechts Blatternte für eine grüne Suppe (siehe Rezept auf Seite 57).

Was jetzt getan werden muss

»Kohl entwickelt sich ständig – er keimt, wächst und wächst und wächst.«

Kohlpflanzen säen

Wenn das Gemüse des letzten Jahres zur Neige geht, ist es an der Zeit, die Basis für das neue Jahr zu legen. Kohl entwickelt sich beständig – er keimt, wächst und wächst und wächst. Diese erstaunlichen Pflanzen brauchen viel Platz, Zeit und Nährstoffe, aber sie revanchieren sich in Form von gehaltvoller, köstlicher Nahrung. Weiße Rüben, Steckrüben, Radieschen und Rucola gehören auch zu den Kohlgewächsen – ich beschreibe sie an anderer Stelle (siehe die Seiten 46, 64, 180 und 197).

Ich baue vor allem Kohlarten an, von denen ich immer wieder ernten kann, wie Toskanischen Palmkohl, Grünkohl oder Sprossbrokkoli. Von jeder Sorte habe ich vier bis fünf Pflanzen und von meinem Lieblingsgemüse Brokkoli ein paar mehr. Weiß-, Rot- und Blumenkohl sind wundervoll, aber nach einer recht langen Entwicklungszeit schneidet man sie ab und es ist gleich mit der ganzen Pflanze vorbei. Viele Kohlgewächse können einen Quadratmeter und mehr einnehmen. Wenn man sie in Gefäßen anbaut, sollte man schwere Töpfe verwenden, die im Wind nicht umfallen. Sehen Sie sich nach Sorten um, die besonders gut für Töpfe geeignet sind. Sommer-Kohlsorten brauchen beispielsweise weniger Platz.

Jetzt kann man in kleine Töpfe oder Schalen aussäen. (Auch Sommerbrokkoli kann man noch säen, wobei man das besser schon im März tun sollte, damit er im Sommer erntereif ist.) Kohlsamen sind winzige Kugeln, ähnlich den Samen des verwandten Senfs. Streuen Sie einige Samen in 10–15 cm breite Töpfe und überdecken sie mit etwas Erde. Wenn die Pflanzen 10–13 cm hoch sind, setzen Sie die kräftigsten an ihren endgültigen Standort. Schätzen Sie vorher ab, für wie viele Pflanzen insgesamt Platz vorhanden ist. Da Tauben sich gerne an den Pflanzen bedienen, schützen Sie sie am besten mit einem Netz. Auch zwischen die Reihen gespannte Schnüre wirken abschreckend, und aufgehängte CDs oder kleine Spiegel helfen ebenfalls.

Unten Roter Grünkohl

Kartoffeln setzen

Um Ostern kann man vorgekeimte Setzkartoffeln in die Erde oder in Gefäße bringen. Kartoffeln gedeihen sogar in kräftigen Blumenerdesäcken. Entleeren Sie den Sack bis auf ein Viertel, rollen ihn von oben ein, stechen ein paar Löcher hinein und setzen drei Kartoffeln in die Erde. Halten Sie das Substrat feucht und wenn sich Grün zeigt, geben Sie nach und nach Erde in den Sack und entrollen dabei nach Bedarf den umgeschlagenen Kragen. Wenn der Sack wieder voll mit Erde ist, können Sie die Pflanzen sich selbst überlassen und über den Rand schauen lassen. Im Hochsommer werden sie blühen: das Zeichen für ihre Erntereife. Fühlen Sie zunächst mit der Hand, ob die Kartoffeln groß genug sind. Dann erst schneiden Sie den Sack für die Ernte auf. Es gibt zwar spezielle Kartoffelkübel, aber jeder große, zylindrische Behälter mit guter Dränage ist ebenso geeignet. Gute Erde ist jedoch ein Muss.

Das gleiche gilt für den Gemüsegarten. Pflanzen Sie Kartoffeln mit den gekeimten Augen aufwärts zeigend in Reihen, 15 cm tief und mit 30 cm Abstand. Das wachsende Grün immer wieder mit Erde bedecken, um die Knollenbildung zu fördern.

Ich baue meist zwei Typen an. Frühkartoffeln und eine Haupternte, die ich allerdings auch frisch verbrauche. Kartoffeln über den Winter einzulagern kommt nicht in Frage. Ich will mich mit meinem Kleingarten nicht vollständig selbst versorgen. Erstens schmecken sie frisch aus der Erde am besten, zweitens fehlt mir die Lagerfläche, drittens sind Kartoffeln auch außerhalb der Erntezeit durchaus preiswert.

Tipp

April ist auch der Monat zum Pflanzen von Spargel. Er bleibt dauerhaft an einem nahrhaften Standort und wird in 30 cm breiten und 20 cm tiefen Reihen gesetzt. Die Pflanzen überdeckt man mit 5 cm Erde. Spargel kann zwanzig Jahre lang ertragreich sein. Der Anbau in Töpfen ist zwar nicht zu empfehlen, aber in sehr großen Gefäßen bekommt man eine kleine Ernte pro Jahr.

Später Lauch

Wenn Sie Ihren Lauch noch nicht verbraucht haben, ist es jetzt höchste Zeit. Sobald die Stangen begonnen haben, Blüten anzusetzen, müssen sie ausgezogen werden. Wahrscheinlich werden sie in der Mitte glasig aussehen, wenn man sie aufschneidet. Trotzdem können sie noch zart genug für eine Mahlzeit sein: Am besten kochen Sie ein Stück kurz und probieren es. Ist es zart genug, kochen Sie den Lauch ganz normal. Wenn es zäh sein sollte, den Lauch 15 Minuten zugedeckt in Salzwasser kochen, mit einem Kartoffelstampfer zerdrücken und durch ein Sieb seihen. Die Brühe eignet sich für eine Suppe oder ein Risotto, sie lässt sich auch einfrieren.

Mitte April
Mensch, Tier und Gemüse

Es ist aufregend zu beobachten, wie jetzt alles im Garten aus dem Winterschlaf erwacht. Die ersten violetten Spargelspitzen geben ihr jährliches Debüt und veredeln unsere Tafel nun täglich. Je zeitiger ich sie nach dem Schnitt dünste, desto süßer schmecken sie. Der Rhabarber scheint vor Fülle fast zu platzen und treibt mehr Stiele und gigantische Blätter, als ich verarbeiten kann. Ich koche und konserviere ihn oder verschenke ihn freizügig. Meine Gartennachbarn haben zwar alle selbst genügend Rhabarber, aber viele Freunde und auch Passanten nehmen ihn mir gerne ab. Selbst wenn die Hochsaison für Rhabarber naht, ist er im Supermarkt noch teuer.

Die Sonne kommt jetzt öfter heraus und mit ihr lässt sich die Tierwelt mehr und mehr blicken – wie auch meine Gartenkameraden. Alex von Parzelle 6 sieht man selten (er ist gerade Vater geworden), aber wenn er mal im Garten ist, arbeitet er schnell wie der Blitz. Gespannt beobachte ich, wie er in weniger als einer Stunde ein Hochbeet installiert und auf der Hälfte des Beetes kräftige Jungpflanzen von Erbsen, Zuckererbsen und Bohnen setzt. Über die andere Hälfte spannt er ein Drahtnetz zur Katzenabwehr. Sobald er seine Sachen packt und geht, marschieren zwei Katzen zielstrebig darüber hinweg. Und als ich ihnen mit den Augen folge, sehe ich, wie sie einen durch die Anlage streunenden Fuchs stellen und in eine Ecke von Alex' Gewächshaus drängen! Er findet dann ein Loch und kann entkommen, aber ich hoffe, sie haben ihn wenigstens zu Tode erschreckt. Auch auf meinem Zwiebelbeet hatte der Halunke seine Spuren hinterlassen.

Seit ich meinen Kleingarten habe, bin ich zu einem eifrigen Selbstversorger geworden. Zu dieser Jahreszeit kann endlich die erste Ernte frisch aus der Natur eingeholt werden. Ich muss nicht einmal weit gehen, um frisches, nahrhaftes Grün zu ergattern – und das, ohne Geld dafür auszugeben.

Rucola

Rucola (oder Rauke) gehört zu den wertvollsten Salatpflanzen. Er ist leicht zu ziehen und wächst nach dem Schnitt sofort nach. Auch wenn er blüht und sich die Stiele dunkel färben, haben die Blätter eine angenehme, wenn auch ein wenig derbere Schärfe als in jungem Stadium.
Rucola zieht man am besten im Garten oder in einem großen Topf. Mir gelingt es, Rucola den ganzen Winter über gedeihen zu lassen. Aber nun ist es wieder an der Zeit, alle paar Wochen bis zum Herbst auszusäen. Im Wachstumsstadium sind die großen Blätter eine perfekte Suppenwürze und die Blüten ein Schmaus. Der pikante Geschmack erinnert an Schinken. Ständig nasche ich die Blüten oder nehme sie mit nach Hause, um sie über Salat und andere Gerichte zu streuen. Blühende Rucolastiele halten sich übrigens ausgezeichnet in der Vase.

Rechts Rhabarber wird ausgezogen und nicht geschnitten.

Nesseln

Ich habe Brennnesseln früher als Feind betrachtet. Wie kann eine Pflanze, die nach einer kurzen Berührung stundenlanges Jucken verursacht, überhaupt essbar sein? Außerdem verbreiten sie sich so schnell wie sonst nur lästiges Unkraut. Aber sobald sie in Kontakt mit der heißen Pfanne kommen, verwandelt sich die Plage in ein schmackhaftes Gemüse. Daher gehört eine Brennnesselsuppe zu meinen Frühlingsritualen. Auch als Beilage eignen sich die Blätter, gedünstet in Olivenöl mit Knoblauch. Man sollte allerdings feste Handschuhe bei der Ernte tragen. Am besten schmecken junge Pflanzen oder die Triebspitzen der älteren. Die Stiele der jungen Pflanzen kann man einfach gewaschen in den Topf werfen, man muss sie gar nicht vorbereiten. Das Rezept für eine grüne Suppe finden Sie auf Seite 57.

Junge Brennnesseln sprießen nun überall aus dem Boden und Bärlauch beginnt, den Waldboden und die Schafweiden auf kalkhaltigen Böden zu bedecken. Daneben kann man erste Pilze finden wie den Mairitterling, der trotz seines Namens oft auch schon im April auftaucht. Nach einem Spaziergang durch die Landschaft, immer mit offenen Augen, mit Sammelkorb und einem Pilzhandbuch bewaffnet, genießen wir am Lagerfeuer die in Butter gedünsteten, nussig schmeckenden Pilze mit gehackten Bärlauchblättern.

Was jetzt getan werden muss

Essbare und nützliche Blumen säen

Bei der Selbstversorgung geht es um mehr als nur um Obst und Gemüse, auch Blumen spielen eine Rolle. Sie erfreuen nicht nur das Auge, sie locken auch Insekten an, die Fruchtsträucher und Obstbäume bestäuben. Außerdem kann man etliche Blüten essen. Aus den Samen der Kapuzinerkresse wachsen zum Beispiel wuchernde Triebe mit essbaren Blättern und Blüten mit pfeffrigem Geschmack. Ihr ungestümer Wuchs kann leicht durch Schnitt eingedämmt werden. Sonnenblumenkerne können in die Erde oder in Töpfe gesteckt werden. Schon wenige große Pflanzen mit ihren flachen Tellerblüten sorgen für eine beeindruckende Vorstellung im Spätsommer. Auch die winzigen Samen der Ringelblume kann man leicht aussäen. Am besten sät man in Töpfe oder Multitopfplatten und setzt die Jungpflanzen neben Tomaten, was Schildläuse abwehrt. Die Blüten sind ebenso essbar wie die von Veilchen oder die leuchtend blauen Blüten von Kornblume und Borretsch. Wegen ihres Aussehens und der freundlichen Insekten zuliebe, säe ich stets auch ein paar Duftwicken. Diese dürfen aber nicht gegessen werden, denn sie sind giftig! Natürlich taucht auch immer Löwenzahn auf, dessen Blüten stets eine hübsche Garnierung abgeben.

Kürbispflanzen säen

Diese Pflanzengruppe, zu der auch die Zucchini gehört, braucht viel Platz. Man kann Zucchini in große Töpfe oder ins Feiland pflanzen. Alle Teile der Kürbispflanzen sind essbar, also pflanzen Sie so viel davon, wie Ihnen möglich ist. Ich bin so vernarrt in die vielen Kürbisarten, dass ich immer viel zu viele anpflanze und dann meinen Überschuss verschenke. Eine oder zwei Zucchinipflanzen reichen meist für ein Paar oder eine kleine Familie, aber ich ziehe der Abwechslung halber stets drei oder vier. Dazu kommen die langsamer reifenden Kürbisse wie Butternut-, Acorn- oder Spaghettikürbis. Säen Sie die Samen mit der flachen Seite nach oben etwa 2,5 cm tief und gleich sechs von jeder Sorte, da nicht jeder Samen aufgehen wird.

Artischocken pflanzen

Ende März, April und Mai ist die Zeit, Artischocken zu pflanzen oder auszusäen (siehe Seite 34). Vielleicht haben Sie einen Gartennachbarn, der Sie mit Wurzelschösslingen versorgen kann (bei etablierten Pflanzen sollte man diese sowieso entfernen). Oder kaufen Sie sich welche. Die Schösslinge wachsen zu großen Pflanzen heran und sollten nicht umgepflanzt werden.

Tipp

Säen Sie Gurken in derselben Weise wie Kürbispflanzen.

»Am Lagerfeuer genießen wir in Butter gedünstete, nussig schmeckende Pilze mit gehackten Bärlauchblättern.«

Gegenüber Ein Spargelkopf bricht durch die Erde.

Ende April
Endlich Frühling

In dieser Woche bin ich nur mit Säen und Eintopfen beschäftigt. Es ist jetzt soweit – der Winter ist endgültig vorüber und die Frostgefahr gebannt. Nicht jedes Jahr war es im April schon sicher für meine Pflanzen. Letztes Jahr um diese Zeit bekam mein Spargel noch Frost ab, während ich im Jahr davor wegen der Hitze schon Dienst am Wasserschlauch verrichten musste und mir einbildete, Zitronen anbauen zu können. Das einzig Vorhersehbare am Wetter ist eben seine Unvorhersehbarkeit. Die Pläne fürs Gemüsebeet müssen immer flexibel bleiben.

Ich habe mich entschlossen, Kräuter nur noch zu Hause zu pflanzen, damit ich sie immer greifbar habe. Minze, Petersilie, Rosmarin und Salbei sind schon kräftige Pflanzen, aber in dieser Woche werde ich durch die Aussaat von Dill und Koriander meine Auswahl vergrößern. Auch zwei ungewöhnlichere Kräuter werde ich probieren: Pimpinelle und Salzkraut. Weiterhin werde ich einige kleine Pflanzen purpurnes Basilikum topfen, die ich im März ausgesät habe (siehe Seite 32). Basilikum aus dem Supermarkt hält meist nicht lange – was natürlich Absicht ist, damit man ständig neues kauft. Dutzende Samen keimen pro Topf und daher sterben die einzelnen Pflanzen an Überbevölkerung. Das lässt sich umgehen, indem man die einzelnen Pflanzen eines Topfes in je einen eigenen Topf umpflanzt. Knipsen Sie die Spitzen heraus und die Basilikumpflanzen werden sich sofort gut entwickeln.

An einem sonnigen Wochenende tauchen alle meine Gartennachbarn in der Anlage auf. Suzanne und Lloyd von Parzelle 4 graben fleißig ihren letzten Sprossbrokkoli aus. »So, jetzt verabschieden sich also die Kohlgewächse?«, frage ich. »Genau, das war's jetzt!«, sagt Suzanne. »Und wir brauchen den Platz.« Mit einem Trauermarsch auf den Lippen fährt sie ihn in einer Schubkarre zum Container. Diese Arbeit wartet in der nächsten Woche auch auf mich, aber die Hummeln

Spargel

Zu den aufregendsten Momenten und den sichersten Zeichen dafür, dass der Frühling begonnen hat, gehört das Erscheinen der ersten Spargelspitzen. Spargel erscheint plötzlich und ohne Vorwarnung. Von Ende April bis Mitte Juni kann er geerntet werden. Danach sollte man unbedingt aufhören, denn der Spargel muss sich erholen. Doch er wird Sie den ganzen Sommer über mit der Zurschaustellung seiner hohen, zartlaubigen Stängel belohnen.
Selbst gezogener Spargel sollte vom Garten direkt auf den Herd. Bevor Sie ihn also 2–5 cm unter der Erdoberfläche abschneiden, sollten Sie in der Küche alles vorbereitet haben. Dann schmeckt er kräftig, süß und unverfälscht. Nach 3–4 Minuten Dünsten ist er zart, aber noch schnittfest. Alternativ können Sie die Stangen auch mit Öl bepinseln und grillen oder im Backofen 5–6 Minuten backen. Mit etwas Salz, Zitronensaft oder zerlaufener Butter, aber auch getunkt in ein weich gekochtes Ei schmeckt er vorzüglich.

lieben die blühenden Kohlpflanzen und für sie lasse ich die nun ungenießbaren Pflanzen so lange wie möglich stehen. Denn was wären wir ohne Insekten? Nebenbei sind die hohen, gelb blühenden Pflanzen eine Augenweide. Es hat etwas Brutales, die Pflanzen gerade dann zu zerstören, wenn sie vor Leben strotzen. Aber so ist das Leben eben manchmal.

»Die Pläne fürs Gemüsebeet müssen immer flexibel bleiben.«

Was jetzt getan werden muss

Stangenbohnen säen

Stangenbohnen und andere Bohnenarten können jetzt und in den kommenden drei Wochen gesät

Oben links Farbenprächtiger Mangold
Unten links Der Erzfeind auf einem Rhabarberstiel
Oben Paprikasämlinge in Konservenbüchsen

Rhabarber

Noch behält der Rhabarber seinen pinkfarbenen Schimmer, den er in ein paar Wochen gegen ein Grünbraun tauschen wird. Er schmeckt wunderbar und man kann ihn bis Ende Juli ernten – sofern bis dahin noch etwas übrig ist. Lassen Sie stets 5–6 Blattstiele stehen. Bei der Ernte werden die Stiele herausgezogen, das Ende wird abgeschnitten und zusammen mit den giftigen Blättern kompostiert.
Mit eingefrorenem Rhabarberkompott oder -püree lassen sich in späteren Monaten Getränke und Desserts ergänzen oder auch Hauptgerichte mit einer sauren Note versehen. Schneiden Sie den Rhabarber in 2 cm große Stücke und kochen ihn mit etwas Wasser und Zucker, bis er zerfällt. Füllen Sie ihn nach dem Pürieren in eine Eiswürfelschale: So können Sie stets kleine Mengen entnehmen. Besonders gut schmeckt Rhabarber mit Linsen, wie auf Seite 75 beschrieben. Oder machen Sie »Eton Mess« mit Rhabarber (siehe Seite 56).

werden. Dies kann im Freiland geschehen, in Jiffy-Töpfen aus gepresstem Torf auf der Fensterbank, im Gewächshaus oder in größeren Gefäßen (> 50 cm). Stangenbohnen brauchen ein Gerüst, das man aus Bambusstangen aus dem Gartencenter oder aus Zweigen bauen kann. Die Pflanzen klettern so weit, wie es das Gerüst erlaubt, also gehen Sie mit Bedacht bei der Platzwahl vor. Im Küchen- oder Kleingarten sollte die Reihe in Nordsüdrichtung verlaufen, um jeder Seite in etwa die gleiche Sonnenmenge zu bieten. Bauen Sie ein Gerüst aus einer Doppelreihe Stangen, die sich oben überkreuzen und aneinander sowie an einer oben aufliegenden Stange befestigt werden. Die Stangen stehen im Abstand von 30 cm und an ihren Fuß kommt je eine Bohne etwa 10 cm tief in die Erde. Sie können die Bohnen auch in Jiffy-Töpfen an geschützten Plätzen säen und die Pflanzen einen Monat später auspflanzen.

Kürbis und Zuckermais

Kürbis- und Zucchinipflanzen sollten sich mittlerweile auf der Fensterbank oder im Gewächshaus gut entwickelt haben. Falls nicht, ist jetzt noch die Zeit, sie zu pflanzen (siehe Seite 49). Zuckermaispflanzen müssten jetzt bleistiftstark sein, so dass nun ein Platz vorbereitet werden sollte. Kürbis und Zuckermais sind gute Partner im Gemüsebeet, denn der Mais wächst in die Höhe, während der Kürbis nah am Boden wuchert.

Die Ureinwohner Amerikas setzten zwischen den Mais traditionell Bohnen, die Ersteren als Rankgerüst nutzten. Diese Technik ist als »Three Sisters« (»Drei Schwestern«) bekannt geworden. Ich mag diese romantische Idee, leider wurden bei mir die Bohnen stets vom Kürbis überwuchert. Bereiten Sie ein quadratisches Beet vor, indem Sie es umgraben und dabei Kompost und/oder Dünger einarbeiten. Versuchen Sie, Kürbis und Mais innerhalb der nächsten zwei Wochen in den Boden zu bekommen. Selbst bei wenig Platz kann man eine oder zwei Kürbispflanzen ziehen, selbst auf einem Balkon, wo Sie die Triebe an einem Geländer oder Rankgitter anbinden können. Sie werden schnell alles begrünen. Schwere Kürbisse brauchen eventuell eine Stütze, wenn sie von den Trieben herabhängen.

Links Junge Stangenbohnen kommen aus ihren Toilettenpapierrollen nun in die Erde.
Oben Aufstellen eines Klettergerüstes für die Bohnen

»Stangenbohnen klettern so weit, wie es das Gerüst erlaubt.«

Tipp

Tomatenpflanzen einzeln in Töpfe umsetzen. So haben sie reichlich Platz, sich drinnen noch eine Weile zu entwickeln, bevor sie im Frühsommer an ihren endgültigen Platz im Freiland kommen.

Ricotta-Päckchen mit Spargel + Linsen

Wie könnte grüner Spargel besser präsentiert werden als eingeschlagen in braunes Packpapier, das oben mit einer Kordel zusammengebunden wird? Ein elegantes Mittagessen, serviert mit Brot und Salat.

- 250 g Ricotta, abgetropft
- 4 gehäufte EL frisch geriebener Parmesan
- Frisch gepresster Saft von 1 Zitrone
- 1 Knoblauchzehe, gehackt
- 1 Prise Salz und frisch gemahlener schwarzer Pfeffer
- Backpapier, Baumwollkordel
- 4 Getreidecracker
- 200 g gekochte Puy-Linsen oder Linsen aus der Dose, abgetropft
- 1 Handvoll Petersilie, gehackt
- 1 gehäufter TL Kapern
- 4 Stangen grüner Spargel, in 5 cm lange Stücke geschnitten, oder 8 Spargelspitzen
- Olivenöl

Den Backofen auf 200 °C vorheizen. In einer Schüssel Ricotta, Parmesan, Zitronensaft und gehackten Knoblauch mit einer Prise Salz und reichlich Pfeffer vermengen. 4 quadratische Stücke Backpapier mit Seitenlängen von etwa 35 cm zuschneiden. Nun die Getreidecracker quadratisch zuschneiden und jeweils in die Mitte auf das Papier legen. Dies verhindert ein Durchweichen des Papiers. Darauf kommt die Ricotta-Mischung. Mit einem Löffel eine Mulde für die Linsen formen. Petersilie und Kapern darüberstreuen, den Spargel darauflegen. Alles mit Olivenöl beträufeln. Die Enden des Backpapiers nach oben schlagen und zusammenbinden. Auf einem Backblech ca. 15 Minuten erhitzen, bis die Zutaten gut durchgewärmt sind. Mit Brot und Salat servieren. **Ergibt 4 Portionen**

Tipp Halten Sie das abgeschnittene Ende des Spargels mit einer Hand und fassen Sie mit der anderen die Stange in der Mitte und biegen sie, bis sie bricht. An der Bruchstelle endet der harte Teil der Stange. Ich nasche immer von den abgebrochenen Enden – sie können etwas grob sein, aber frisch geschnittener roher Spargel ist etwas Herrliches.

Eton Mess mit Rhabarber + Rosenwasser

Hier trifft das mysteriöse Aroma von Rosenwasser auf die Säure von Rhabarber, eingehüllt in Kissen aus Sahne und knusprigem Baiser. Rosenwasser kann in seiner Intensität stark variieren. Man findet es in Geschäften mit Produkten aus dem Nahen und Mittleren Osten. Ich schätze vor allem libanesisches Rosenwasser, aber alle Sorten eignen sich für dieses Gericht.

- 300 g Rhabarber (2 starke Stiele), geschält und geschnitten
- 75 g feiner Zucker
- 4 gekaufte Baiser-Nester
- 300 ml Schlagsahne
- 1–2 EL Rosenwasser, je nach Geschmack

Rhabarber und Zucker in einem geschlossenen Topf bei mittlerer Hitze erwärmen. Wenn der Zucker geschmolzen ist und der Rhabarber zu kochen beginnt, umrühren, Temperatur herunterdrehen und ohne Deckel 10 Minuten köcheln lassen, ab und zu umrühren. In eine hitzebeständige Schüssel füllen, vollständig abkühlen lassen und dann kalt stellen.

Nach dem Abkühlen des Rhabarbers die Baisermasse in einer Schüssel in mundgerechte Stücke zerbröckeln. Sahne schlagen, bis sie gerade fest wird und kleine Spitzen bildet – nicht zu steif schlagen. Rosenwasser teelöffelweise unterrühren, abschmecken und eventuell mehr davon hinzugeben, bis es schwach, aber doch erkennbar herauszuschmecken ist. Sahne dann steif schlagen und mit den Baiserbröseln vermengen. Diese Mischung durch den Rhabarber ziehen. Es sollen Schichten sichtbar bleiben. In Gläser füllen und baldmöglichst servieren, da die Schichten nur etwa eine halbe Stunde halten. (Man kann auch Baiser, Sahne und Rhabarber in jedem Glas einzeln aufeinanderschichten.) **Ergibt 4 Portionen**

Tipp Hellrosa, junger, früher Rhabarber gibt diesem Nachtisch die beste Farbe, aber man kann jeden Rhabarber bis zum Ende der Saison im Juli verwenden.

Grüne Suppe

Diese Suppe ist ideal zum Verwerten Ihrer Vorräte an essbaren Kräutern. Brennnesselspitzen, Rucola, Mangold, Ampfer und Salatblätter – alles kann mit rein. Als Garnierung eignen sich Blüten von Schnittlauch und Löwenzahn.

- 2 EL Traubenkernöl oder Olivenöl
- 4 Frühlingszwiebeln, geschnitten
- 3 Lauchstangen, grob gehackt
- 500 g Kartoffeln, gewaschen und ungeschält, in 2 cm große Würfel geschnitten
- Meersalz
- 1 l Gemüsebrühe
- 150 g Blattpflanzen, gewaschen und grob gehackt
- Saft einer halben Zitrone
- Frisch gemahlener schwarzer Pfeffer
- Schlagsahne zum Servieren

Öl in einem Suppentopf auf mittlerer Stufe erhitzen. Frühlingszwiebeln, Lauch und Kartoffeln mit etwas Salz hinzugeben. Umrühren, zudecken und 5 Minuten braten lassen, gelegentlich umrühren.

Gemüsebrühe dazugeben und kochen lassen, bis die Kartoffeln fast gar sind, dabei gelegentlich umrühren. Die oben beschriebenen Blattpflanzen in den Topf geben und wiederum 3–5 Minuten sachte kochen lassen. Etwas abkühlen lassen und mit einem Pürierstab pürieren. Gegebenenfalls mit Küchenwürze abschmecken, Zitronensaft und Pfeffer einrühren. In tiefen Schalen mit etwas Schlagsahne und Pfeffer servieren. **Ergibt 4–6 Portionen**

Tipp Tragen Sie beim Brennnesselernten auf jeden Fall Handschuhe. Wählen Sie junge Spitzen und vermeiden Sie verholzte Stängel. Behalten Sie die Handschuhe beim Waschen an. Die Brennnesseln können Sie unzerhackt direkt in den Topf geben.

Kinderleichte Hollandaise

Diese unkomplizierte, milde Soße schmeckt perfekt zu Spargel und Brokkoli. Man kann sie leicht mit dem Küchenmixer herstellen.

3 Eigelb, 2 Esslöffel Wasser, 1 Esslöffel Zitronensaft und etwas Salz in den Mixer geben (noch nicht verrühren). 150 Gramm Butter schmelzen. Bei laufendem Mixer langsam die heiße Butter einrühren, bis eine cremige Masse entsteht. Sofort servieren. (Hollandaise wird steif, wenn sie kalt wird, lässt sich aber in der Mikrowelle wieder erhitzen.)

MAI	DRINNEN / UNTER GLAS	DRAUSSEN IN GARTENERDE
Artischocken		★
Blumen	★	★
Blumenkohl	★	★
Brennnesseln		
Brokkoli (Sommerbrokkoli)	★	★
Brokkoli (Sprossbrokkoli)	★	★
Dicke Bohnen		★
Erbsen	★	★
Erbsentriebe		
Erdbeeren		★
Fenchel	★	
Frühlingskräuter	★	★
Frühlingszwiebeln	★	★
Grünkohl	★	★
Gurken	★	
Holunderblüten		
Kartoffeln		★
Kohl (Frühling)		
Kohl (Sommer/Winter)	★	★
Kürbis	★	★
Mangold	★	★
Möhren		★
Paprika und Chili		
Pastinake		★
Radieschen	★	★
Rhabarber	★	
Rosenkohl	★	★
Rote Beete		★
Rüben, Weiße		★
Rucola		★
Salat/Salatblätter	★	★
Schwarzwurzeln	★	★
Sellerie	★	★
Sommerkräuter	★	★
Spargel		
Spinat	★	★
Stangen- und andere Bohnen	★	★
Steckrüben	★	★
Tomaten	★	★
Weinblätter		
Winterkräuter		★
Zucchini	★	★
Zuckermais		★

FÜR GEFÄSSE GEEIGNET	JETZT ERNTEN	REZEPTE UND WEITERE INFOS
		Die perfekte Artischocke, 94; siehe 80, 93
★		Siehe 116
★	★	Blumenkohlsuppe mit Kokosmilch, 182; s. 172, 183
	★	Grüne Suppe, 57; siehe 48
★		Siehe 98
★	★	Risotto aus Sprossbrokkoli + Graupen, 39; siehe 35
★	★	Bohnen-Tabouleh, 92; siehe 68, 75, 113
★	★	Eiertörtchen mit Erbsen + Feta, 72; siehe 67
★	★	Siehe 67
★		Siehe 83
★		Siehe 140
★	★	Kuku mit Ampfer + Mangold, 36; siehe 32, 39, 57
★	★	Grüne Suppe, 57; siehe 61, 72, 92, 112, 131
★	★	Safran-Reis-Brühe mit Wintergemüse, 38; siehe 42
★		Rauchige Gazpacho, 128; siehe 105, 167
	★	Holunderblütensirup, 74; siehe 70,75
★		Kartoffelkuchen mit Parmesan, 93; siehe 57, 91
★	★	Linsen-Kohl-Päckchen, 203; siehe 123
★		Salat aus Steckrüben + Rotkohl, 200
★		Kürbispastete, 169; siehe 124, 149, 162, 165, 167
★	★	Kuku mit Ampfer + Mangold, 36; siehe 32, 39, 57
★		Siehe 167, 179
★	★	Siehe 112, 131, 143, 144
★		Pastinaken-Erbsen-Suppe, 202; siehe 193
★	★	Siehe 64
	★	Rhabarber-Linsen-Curry, 75; siehe 52, 56
★		Pikanter Rosenkohl, 203; siehe 27, 42, 195
★		Siehe 138
★	★	Siehe 180
★	★	Grüne Suppe, 57; siehe 46
★	★	Dicke Bohnen mit Salat, 75; siehe 57, 63
★		Siehe 190
★		Selleriegratin mit Steinpilzen + Maronen, 182; s. 175
★	★	Kartoffelkuchen mit Parmesan, 93; siehe 28, 84
★	★	Ricotta-Päckchen mit Spargel + Linsen, 55; siehe 50
★	★	Siehe 32
★		Bohnen mit Sojasoße, 112; siehe 106, 127, 131
★		Salat aus Steckrüben + Rotkohl, 200
★		Gebackene Tomaten, 131; siehe 120, 158, 166
	★	Siehe 87
★	★	Siehe 150, 169, 198
★		Zucchini-Snack, 113; siehe 102, 128, 148
★		Mais-Avocado-Suppe, 131; siehe 119

Anfang Mai
Die Hungerstrecke

Mai ist für mich der Spargelmonat. Jeden Tag verlasse ich meinen Garten mit ein paar dicken, saftigen und meist etwas schief gewachsenen Stangen. Jeder Supermarktchef würde sie aussortieren. Ich aber dünste sie sofort und habe sie binnen 20 Minuten direkt vom Garten auf dem Teller. Derart frischer Spargel ist die Speise der Götter, mit einer unvergleichlichen Süße, an die kein gekaufter Spargel herankommt.

Meine tägliche Spargeldosis von 4–6 Stangen erziele ich aus nur vier Pflanzen, die ich in meinem ersten Kleingartenjahr setzte. Spargel kann etwas heikel sein, daher habe ich bereits ein Jahr alte Exemplare im April gepflanzt, anstatt es mit Samen zu versuchen. Ein Spargelbeet kann etwa zwanzig Jahre lang bewirtschaftet werden. Ich hätte ruhig auch mehr als nur vier Pflanzen anpflanzen können, denn ich könnte auch die doppelte Tagesration an Spargel vertilgen.

Ich liebe Spargel auch deshalb, weil zu dieser Zeit nicht viel Essbares im Garten zu finden ist. Es ist eine regelrechte Durststrecke – oder vielmehr: eine Hungerstrecke. Trotz des botanischen Überflusses im Garten und auf meiner Fensterbank mit einer täglichen Verdopplung der Grünmasse (Unkraut eingeschlossen), wird doch noch ein wenig Zeit vergehen, bis das Gemüse essbar ist. Überall steckt umwerfend viel Essen im Boden, aber kaum etwas, in das man jetzt hineinbeißen könnte. Eine seltsame Situation. Man kann die Natur höflich in eine Richtung weisen, aber das Ruder kann man ihr eben nicht aus der Hand reißen – das wird mir erst jetzt klar.

So habe ich in den vergangenen Wochen häufiger als üblich auswärts gegessen, mich eifrig von Spargel und Rhabarber ernährt und mich auf die Reste der letztjährigen Ernte in meiner Kühltruhe verlassen. Es ist ohnehin vernünftig, jetzt die Vorräte zu verbrauchen, um Platz zu schaffen für die bevorstehende Ernte.

Frühlingszwiebeln

Man kann jede junge Zwiebelpflanze essen, mit Grün und allem, bevor sie ganz ausgewachsen ist. Dabei gibt es spezielle Sorten von Salatzwiebeln, deren Anpflanzung sich besonders lohnt, da sie schnell wachsen, frei von Krankheiten sind und in jeden Sommersalat passen.
Die Frühlingszwiebel zum Beispiel: Man kann sie anbraten, zusammen mit Rühreiern und Omelettes, mit oder ohne Käse, Tomaten und frischen Kräutern. In einem Wasserkrug halten sie erstaunlich lange – alle paar Tage sollte man allerdings das Wasser wechseln. Wenn man zu viele von ihnen hat, kann man sie zu großen Zwiebeln auswachsen lassen oder gehackt einfrieren, um sie später für ein Pfannen- oder Wokgemüse zu verwenden.

Gegenüber Diese Spargelstange hat wie über Nacht die Krume durchstoßen; sie steht neben den Stümpfen abgeschnittenen Spargelgrüns vom letzten Jahr.

Was jetzt getan werden muss

Wurzelgemüse für Sommer und Herbst säen

Wurzelgemüse sollte direkt ins Freiland oder, wenn man nur einen Innenhof hat, in große Töpfe gesät werden. Möhren und Rote Beete sind gut in tiefen Töpfen zu ziehen. Wurzelgemüse wird grundsätzlich am ausgesäten Platz geerntet und nicht mehr umgepflanzt. Falls noch nicht geschehen, muss spätestens jetzt die Fläche zur Aussaat vorbereitet werden. Auf diesem Beet sollte im vergangenen Jahr kein Wurzelgemüse gestanden haben und die letzte Düngung sollte auch etwas zurückliegen. Andernfalls kommt leicht mehrfingriges, deformiertes Gemüse heraus. Die meisten Arten werden in flachen Furchen im Abstand von 15 cm zueinander ausgesät. Folgen Sie einfach den Anweisungen auf den Samenpackungen.

Bei Gemüse mit langen Wurzeln wie Pastinake oder Schwarzwurzel muss der Boden weitgehend frei von

Oben Die Kartoffelblüte zeigt an, dass die Knollen jetzt aus dem Boden können.

Steinen sein. Um eine üppige Ernte einzufahren, muss die Erde unter Umständen vor der Aussaat gesiebt werden. Zweifellos ist dies eine langweilige und anstrengende Arbeit und man mag sich fragen, ob sich das wirklich lohnt für ein Gemüse, das man auch im Supermarkt kaufen kann. Aber gekauftes Wurzelgemüse wird nie so herrlich süß schmecken, außerdem möchte ich nicht darauf verzichten, den sukzessiven Reifeprozess in den kommenden Monaten zu beobachten. Ich baue eine gedrungene, runde Möhre an, die mit dem schweren Lehmboden gut zurechtkommt. Zu Hause säe ich eine kleinwüchsige Sorte in Töpfen aus. Auch Rote Beete fühlt sich in meinem Lehmboden sehr wohl.

Rote Beete und Möhren können während des Sommers nachgesät werden, so dass man ständig versorgt ist. Pastinake und Schwarzwurzel dagegen brauchen Monate zur Entwicklung und werden daher nur einmal ausgesät – und zwar jetzt. Die gekeimten Pflanzen müssen ausgedünnt werden, um den verbleibenden genug Platz zum Wachsen zu geben. Die ausgerissenen Jungpflanzen gehören in den Salat und nicht auf den Kompost.

Alte Kartoffeln – Freude und Last

Egal, wie sehr ich mich bemüht habe, alle Kartoffeln zu ernten, es bleiben immer einige im Boden. Ihr Grün zeigt sich jetzt im vorjährigen Kartoffelbeet, das nun gefüllt ist mit Dicken Bohnen oder Kohl. Das Grün ist schnell ausgerissen – aber wo es nicht stört, kann man die Kartoffel doch sich getrost vermehren lassen, oder nicht? Zwar lautet die herrschende Lehrmeinung, dass man sie unverzüglich entfernen sollte, um Krankheiten zu vermeiden, aber es ist auch schön, zu dieser Jahreszeit schon kleine, schmackhafte Kartoffeln ernten zu können. Hier gehen die Meinungen auseinander, daher überlasse ich es völlig Ihnen, wie Sie mit alten Kartoffeln verfahren.

Tipp

Neue Kartoffelpflanzen immer wieder mit Erde bedecken, um die Knollenbildung zu fördern. Für die Spätsommer- und Herbsternte jetzt auf der Fensterbank und im Gewächshaus Knollenfenchel in Töpfe aussäen.

Kopfsalat

Inzwischen sollte eine Schale mit jungen Salatblättern oder schon vollen Köpfen zu ernten sein. Im Haus kann man Salat sogar im Winter ziehen. Schnellwachsenden Salat sollte man alle zwei bis drei Wochen in kleiner Menge nachsäen. Man kann ihn jung ernten oder auspflanzen. Eine Mischung eigener Salatblätter ist besser und billiger als alles Gekaufte. Besonders die Kopf bildenden Salatsorten schmecken gekocht ausgezeichnet, etwa zu Dicken Bohnen (siehe Seite 75). Auch lässt Salat sich mit Wein, Butter und Winterkräutern dünsten. Aufgrund des hohen Wassergehalts macht sich Salat auch gut in Suppen, entweder gekocht in einer warmen Suppe oder roh püriert als kalte Suppe, zusammen mit Joghurt, Zitrone, Minze und Knoblauch. Geschossene Salate sondern eine milchige, bittere Flüssigkeit ab und sollten auf den Komposthaufen, zumal dieser Saft narkotisierend wirkt.

Radieschen

Schon drei Wochen nach der Aussaat sollten die ersten Radieschen zu ernten sein. Wer also die ganze Saison sät, wird ständig versorgt sein. Rosa Radieschen verleihen dem Salat willkommene Farbkleckse, bevor Tomaten auf der Bühne erscheinen. In französischer Manier kann man sie auch mit leicht gesalzener Butter essen. Es gibt Dutzende Sorten – ich habe eine asiatische Art, die erstaunlich groß und mit dem Wachsen immer schärfer wird. Die größeren Sorten können geraspelt in einen Salat gemischt werden, gewürzt mit Reisessig, Sojasoße, Zucker, getrockneten Chiliflocken, Frühlingszwiebeln und geröstetem Sesam.
Radieschen sind vielseitiger, als man glaubt – sie können gegrillt, gedünstet, gebraten oder geschmort werden, in Currys oder deftigen Gemüseeintöpfen. Am besten schmecken sie mir allerdings roh. Radieschen lassen sich schlecht einfrieren, aber gut einlegen.

Mitte Mai
Vernichtende Niederlage

Jedes Lebewesen in unserer Gartenanlage reagiert geradezu enthusiastisch auf steigende Temperaturen und warmen Frühlingsregen. Dann frage ich mich, wo die feine Linie verläuft zwischen Hingabe und Besessenheit. Kürzlich erst habe ich Einladungen zum Abendessen ausgeschlagen, um die Abendstunden im Garten zu verbringen, und essbare Pflanzen tauchen in meinen Träumen auf. Ich drohe wohl der Kleingärtnerei völlig zu verfallen. Jeder Pflanze, die ich gesät und gepflanzt habe, bin ich emotional verbunden – ich kann nichts dagegen tun. Ich fiebere mit auf dem Weg ihres Erwachsenwerdens, bin dankbar, wenn sie Früchte trägt, und genieße am Ende jeden Bissen davon. Aber diese Reise ist nicht ohne Mühsal – wie oft versuche ich, den Pflanzen wieder Leben einzuhauchen, die von Krankheiten oder Hagelkörnern niedergestreckt wurden. Ich fühle mich sogar schuldig, wenn ich nicht genügend Zeit für sie habe.

Ich war auf einer dreitägigen Reise, und das heißt, ich war drei Tage lang nicht in meinem Garten. Doch ich bin nicht beunruhigt, denn es herrschte feuchte Witterung und ich habe vorher meine Schneckenabwehr mit Kaffeesatz und Bierfallen installiert. Dennoch haste ich zum Garten, um zu sehen, was vor sich gegangen ist.

Nervös macht mich der endlos lange Blütenstiel, den der Rhabarber getrieben hat. Vor Unwissenheit kann ich mich nicht zwischen Freudensprung und Griff zur Machete entscheiden. Nach einer schnellen Internetrecherche steht das Urteil fest: Weg mit dem Blütenkopf. Wie in anderen Fällen auch, raubt die Blüte viel Energie und sollte zugunsten einer längeren Produktivität entfernt werden. In diesem Jahr hatte ich schon mehr als genug Rhabarber, aber ich tue alles, um die Pflanze so lange wie möglich kräftig zu halten auf ihrem etwa zehn Jahre dauernden Lebensweg. Daher ziehe ich den Blütenstiel an der Basis kräftig heraus, und befördere ihn auf den Komposthaufen.

Der nächste Schock kommt, als ich das Gewächshaus öffne: Schnecken haben drei meiner sorgsam gepflegten Auberginenpflanzen niedergemacht. Bald finde ich die Übeltäterin unschuldig umherkriechend in einer Ecke des Glashauses – ich wage kaum meine wutentbrannte Reaktion zu schildern. Du willst mich vernichten, drum vernichte ich dich! Gottlob habe ich in meinem Kleingarten nicht mit Kaninchen und Rehen zu kämpfen. Gäbe es eine sportliche Methode, diese ungeliebten Weichtiere loszuwerden – ich würde die Herausforderung sofort annehmen. So aber entledige ich mich der Schnecke, indem ich bei aller Liebe zum ökologischen Gärtnern zum Schneckenkorn greife, um meine letzten Auberginenpflanzen zu retten.

An anderen Stellen in meinem Kleingarten sind nun die letzten Wintergemüse hinüber – sämtliche Reste von Kohl, Lauch und Mangold wandern nun auf den Kompost. Der Kreislauf beginnt immer wieder von Neuem. Diese Säuberung der Beete wird einigen reichlich spät erscheinen, aber die Pflanzen haben keinen Schaden angerichtet und am blühenden Kohl konnten sich unzählige Bienen nähren.

»Gäbe es eine sportliche Methode, diese ungeliebten Weichtiere loszuwerden – ich würde die Herausforderung annehmen.«

Alte Kohlpflanzen zu beseitigen ist keine leichte Aufgabe. Beim Ausgraben und Abtransportieren zehn mannshoher, purpurfarbener Brokkolipflanzen habe ich sicherlich beachtliche Kalorienmengen verbrannt. Früher wurden besonders starke Stiele dieser gigantischen Pflanzen geschält, getrocknet, lackiert und als Gehstöcke verwendet. In der Tat sind sie für den Komposthaufen zu grob, daher reiße ich die Blätter ab und kompostiere diese. Es ist traurig, die alten Wintergemüse gehen zu sehen, aber mit dem Schließen einer Türe öffnet sich eine neue.

Oben Wenn Schnecken auf meinem geliebten Gemüse auftauchen, kenne ich keine Gnade.

»Durch das Ausknipsen der Triebspitzen der Dicken Bohne während der Blüte entledigt man sich der Schwarzen Bohnenlaus.«

Oben links Die Blüte der Dicken Bohne und eine junge Hülse
Oben rechts Stiele mit Rucolasamen werden jetzt zum Trocknen aufgehängt.

Was jetzt getan werden muss

Triebspitzen der Dicken Bohne ausknipsen

Die Schwarze Bohnenlaus tritt häufig bei Dicken Bohnen auf. In deren Jugendstadium und etwa zur Blütezeit der Bohne leben sie in den Triebspitzen. Sie haben es auf die zarten Pflanzenteile abgesehen. Wenn man sie gewähren lässt, wird man eine dürftige Ernte einfahren oder der übermächtige Befall wird die ganzen Pflanzen vorher komplett zerstören. Durch das Ausknipsen der Triebspitzen während der Blüte entledigt man sich verlässlich des Schädlings. Die zarten Spitzen schmecken gedünstet oder gebraten ganz ausgezeichnet.

Erbsentriebe ernten

Wenn die Erbsenpflanzen 15 cm hoch sind, sollte man die oberen Blattpaare und Ranken ausknipsen. Das regt die Pflanze zur Triebbildung an und die kleine Ernte bereichert den Salat. Alle drei Wochen kann man die 5–13 cm langen Triebe abknipsen. Wenn sie zu bitter werden, lässt man die Pflanze in Ruhe und wendet sich jüngeren Pflanzen zu.

Rucolastiele aufhängen

Jede Rucolapflanze, die seit dem Winter wächst, wird jetzt Samen angesetzt haben. Wenn man wie ich immer wieder aussät, wird das mehrmals im Jahr so sein. Sollten Sie eine Pflanze als besonders gesund und kräftig einstufen, kann man sie leicht vermehren, indem man ihre Samen tragenden Stiele abschneidet und mit dem Kopf nach unten an einem hellen Platz zum Trocknen aufhängt. Wenn sie vollständig trocken sind, kann man die Kapseln über einer großen Schüssel zerbröseln, so dass die Samen herausfallen. Trennen Sie die Samen von Spreu und Kapselresten, füllen Sie sie in luftdichte Gläser und säen immerfort ins Freiland, in Balkonkästen und Töpfe aus. Das ist schmack- und nahrhaftes, kostenloses Essen!

Tipp

Pflanzen Sie Stangenbohnensetzlinge oder bringen Sie Samen ins Freiland (siehe Seite 52).

Erbsen und Triebe

Etwa elf Wochen brauchen Erbsen von der Aussaat bis zur Reife, so dass man jetzt noch keine ernten kann. Aber auch die Triebe besitzen den typischen Erbsengeschmack und passen in jeden Salat. Schon kurz nach Aussaat kann man Triebe schneiden.
Mit der Erbsenernte wird es Ende Mai und Juni soweit sein. Sofern es nicht zu heiß ist, kann man stets nachsäen und sich den Sommer über mit Erbsen versorgen. Ich kann nicht widerstehen, die Erbsen roh zu essen, junge Erbsen sogar mit Hülse.
Das Auslosen von Erbsen braucht viel Zeit. Ich verwende eher kleine Mengen, dünste sie kurz oder lasse sie roh für den Salat. Wenn man sie nicht gleich verzehren kann, sollte man sie roh ohne Hülse einfrieren. Aus den leeren Hülsen lässt sich eine leichte, süße Suppe machen, die man püriert und dann abseihen sollte. Man kann aus den Hülsen auch Wein herstellen, wenn man daran Geschmack findet.

Dicke Bohnen

Die ersten Dicken Bohnen sind ein Grund zum Feiern – sie kündigen den Start der Sommerernte an. Wer zum Herbstende gepflanzt hat, kann mit etwas Glück Ende Mai eine frühe Ernte einfahren. Die im März gesäten Bohnen werden dann im Frühsommer soweit sein.
Eine schlichte Zubereitung von Dicken Bohnen ist das drei- bis fünfminütige Dünsten, je nach Größe. Dazu gehören dann Parmesan, Zitrone, Knoblauch und Olivenöl. Alle Pflanzenteile sind essbar, auch die Hülsen – junge schmecken besser – und die Blattspitzen können gut in Butter gedünstet werden. Aus den leeren und ausgespülten Hülsen macht man einen Gemüsesud.
Ausgewachsene Bohnen können getrocknet und eine Nacht vor der Zubereitung eingeweicht und gekocht werden. So wird daraus ein vollkommen anderes Lebewesen – dick, braun und buttrig. In Ägypten werden die Bohnen mit Knoblauch, Zitrone und Olivenöl zum Brei »Ful Medames« zubereitet und mit hart gekochten Eiern warm gegessen.

Ende Mai

Der Sommer naht

Jeden Tag betrachte ich geduldig aber erwartungsvoll die wachsenden Erbsen- und Bohnenschoten – wenn sich die runden Samen an den Schalen abzeichnen, sind sie erntereif. Ansonsten stecken die meisten Pflanzen noch in den Kinderschuhen. Die immer länger werdenden Abendstunden eignen sich gut, um sie intensiv zu pflegen. Auch die ersten Erdbeeren werden jetzt rot und die Johannisbeeren sind schon groß, allerdings noch grün. Die jugendlichen Tomatenpflanzen sammeln noch Kraft in ihren Töpfen und blühen gelb, ein paar Artischocken haben sich gebildet, der Spargel hat seine Produktion auf ein paar Stangen pro Tag zurückgefahren, nur den Rhabarber gibt es noch in Hülle und Fülle.

Wenn es im eigenen Garten noch nicht viel zu ernten gibt, sollte man den Blick über den eigenen Zaun hinaus wagen. Überall in der Stadt, und nicht nur in den großen Parks, öffnet der Holunder jetzt seine Blüten. Über Bushaltestellen und Ziegelmauern hängen die Zweige herab, schwer vom Gewicht der großen Tellerblüten, die die Luft mit ihrem intensiven Aroma erfüllen. Herrlich milde frittierte Holunderblüten stehen um diese Zeit immer auf dem Speiseplan (siehe Seite 75).

Im Gewächshaus ist die Erdkrume bedeckt von einer Unmenge an Sämlingen Wärme liebender Pflanzen, darunter Paprika, Chili sowie die geretteten Auberginen. Bei einer kürzlich gemessenen Temperatur von 45 Grad in der Mittagshitze ist eine gute Luftzirkulation nötig. Unser improvisiertes Treibhaus bauten mein Mann Dan und ich selbst aus gefundenen Kunststoffplatten. Es hat sich für die Anzucht von jungen Pflanzen bei kühler Witterung als unverzichtbar erwiesen, auch weil unser Platz auf dem Fensterbrett schon lange nicht mehr ausreichte. Außerdem passte diese Form der Wiederverwertung irgendwie zu unserem Lebensstil, dem wir folgen, um unseren CO_2-Fußabdruck zu reduzieren. Wenn ein neu gekauftes Gewächshaus auch für Sie nicht in Frage kommt,

Links Holunderblüten sollte man erst kurz vor dem Kochen pflücken, wenn in der Küche alles schon vorbereitet ist. **Ganz oben** Die Paprikapflanzen können bald an ihren endgültigen Standort. **Oben** Eine Lage Stroh bewahrt Erdbeeren vor feuchtigkeitsbedingten Pilzkrankheiten.

»Überall in der Stadt, und nicht nur in den großen Parks, öffnet der Holunder jetzt seine Blüten.«

Holunderblüten

Holunderblüten bedecken die wärmeren Regionen für ein paar Wochen ab Ende Mai, während es in kühleren Gegenden Mitte Juni werden kann. Wer versessen ist auf Holunderblüten, dem fallen diese mitunter riesigen Sträucher jetzt überall auf, dank ihrer enormen Anpassungsfähigkeit auch in Städten.
Es ist verlockend, einen Strauß Blüten mit nach Hause zu nehmen, doch ich muss davor warnen: Schon wenige Stunden nach dem Schnitt verströmen sie den Geruch von Katzenurin, der das ganze Haus erfüllt. Dies lässt sich nur vermeiden, indem man rechtzeitig ein Rezept auswählt, alle Zutaten beisammen hat und erst dann mit Schere und Beutel zur Ernte schreitet. Schneiden sollte man nur frisch duftende Blüten. Dann geht es unverzüglich in die Küche zum Kochen.
Holunderblüten schmecken fabelhaft mit Stachelbeeren, die etwa zur gleichen Zeit reif sein können.

habe ich vielleicht eine Idee für Sie: Einer unserer Nachbarn gebraucht seinen Volvo als Gewächshaus. Er packt das Auto voll mit Pflanzen, fährt aber ansonsten ganz regulär damit. Keine Ahnung, wie »grün« ein solches Gewächshaus tatsächlich ist – jedenfalls ist es eine originelle Idee, ein Auto mit einem umweltfreundlichen Nutzen zu verbinden.

Endlich kann ich die ersten Dicken Bohnen, die ich im letzten November gesetzt habe, aus ihren flaumigen Schalen holen. Sie sind zwar kaum größer als mein Daumennagel, aber immerhin das erste Gemüse der Saison. Damit ist es offiziell: Der Sommer naht, hurra!

Was jetzt getan werden muss

Zarte Früchte schützen

Weil sich nun Johannis-, Erd- und Himbeeren langsam rot färben, erregen sie die Aufmerksamkeit der Vögel. Daher muss ich Netze über die Stauden und Sträucher spannen. Das macht man am besten, indem man vier Pfähle rings um Pflanze oder Beet setzt, je eine Plastikflasche darüberstülpt und die Netze aufspannt. Am Boden werden sie mit Steinen, Ziegeln oder Zeltheringen befestigt.

Vorbereiten auf die Obst- und Gemüseflut

Es beginnt nun die Zeit einer kontinuierlichen Ernte. Daher gilt es, Platz in der Kühltruhe zu schaffen, sich mit verschließbaren Gefrierbeuteln in verschiedenen Größen auszurüsten und Gläser mit Metalldeckeln zu sammeln.

Tipp

Nun sollte man Bohnen, Zuckermais und Kürbis an ihren endgültigen Platz setzen.

Gegenüber Netze über den Beerensträuchern schützen die Früchte vor Vögeln; Plastikflaschen auf den Pfählen bewahren die Netze vor dem Einreißen.

Eiertörtchen mit Erbsen + Feta

Dieses Gericht kann man beinahe mit geschlossenen Augen zusammenrühren – wenn die Erbsen erst einmal aus der Schote befreit sind. Es passt perfekt zu einem gemütlichen Wochenendbrunch oder als kleine Vorspeise zum Abendessen. Man kann es warm auf getoasteten Baguettescheiben servieren, aber auch kalt, mit Salat oder ohne.

- 2 Frühlingszwiebeln, gehackt
- 200 g Erbsen (Gewicht ohne Hülsen)
- 3 große Eier, geschlagen
- 75 g Fetakäse, zerkrümelt
- 2 EL Schlagsahne
- 1 Handvoll frische Minzblätter, gehackt
- Meersalz und frisch gemahlener Pfeffer

Beschichtetes Muffinblech mit 6 gut eingefetteten Vertiefungen

Getoastete Baguettescheiben zum Servieren (optional)

Backofen auf 200 °C vorheizen.

Sämtliche Zutaten in einer Rührschüssel vermengen.

Die Mischung bis knapp unter die Oberkante in die Vertiefungen füllen, damit sie noch aufgehen kann. 15–20 Minuten backen, bis die Törtchen etwas aufgegangen und goldfarben geworden sind. Warm oder kalt servieren. **Ergibt 6 Muffins**

Tipp Wenn Sie nicht genügend frische Erbsen haben, ergänzen Sie sie mit gefrorenen oder nehmen Sie nur gefrorene. Tauen Sie die Erbsen dann aber unter heißem Wasser auf.

Holunderblüten-sirup

Mit diesem erfrischenden Getränk können Sie den wunderbaren Geschmack des Sommers über lange Monate genießen, verdünnt mit kaltem Wasser, mit oder ohne Kohlensäure. Der Sirup schmeckt auch in Cocktails oder geträufelt auf Vanilleeis. Zitronensäure dient als Konservierungsmittel und verleiht ihm eine saure Note. Sie bekommen sie im Drogeriemarkt oder in asiatischen Geschäften, wo sie häufig bei den Gewürzen steht und unschlagbar preiswert ist. Auch erhältlich in Geschäften, die Artikel zur Weinherstellung anbieten.

- 20 Holunderblüten (falls sie klein sind, ein paar mehr)
- 2 große unbehandelte Zitronen, in Scheiben geschnitten
- 1,5 l Wasser
- 65 g Zitronensäure, pulverisiert
- 1,75 kg feiner Zucker
- 5 leere Halbliterflaschen (Kunststoff oder Glas) mit Deckel, gespült

Holunderblüten gründlich waschen, um Insekten zu entfernen. Die Blüten mit den Zitronenscheiben in eine große Schüssel legen.
Das Wasser in einem Topf zum Kochen bringen. Zitronensäure und Zucker in einem separaten großen Topf mit einem Teil des Wassers und unter gelegentlichem Rühren auflösen.
Mit dem kochenden Wasser die Holunderblüten und Zitronen übergießen, die Lösung aus Zitronensäure und Zucker dazugeben und sanft umrühren. Gut durchmischen.
Abkühlen lassen, noch einmal umrühren, abdecken und fünf Tage lang an einen dunklen, kühlen Platz stellen, morgens und abends gut umrühren.
Mit einem feinen Sieb die groben Teile beim Umfüllen in eine große Schüssel herausfiltern. Etwas Musselin, ein Seihtuch oder einen Nylonstrumpf (ich habe immer eine unbenutzte Kniestrumpfhose in der Küche – sehr praktisch) so in einen Trichter platzieren, dass es am Rand dicht schließt und in der Mitte locker liegt. Den Sirup durch den Trichter in eine Schüssel schütten und dann die kristallklare Flüssigkeit in fünf saubere Halbliterflaschen füllen. Dabei etwas Platz lassen für die Ausdehnung in der Kühltruhe. An einen kühlen, dunklen Ort stellen oder in die Kühltruhe, wo der Sirup unbegrenzt hält. Nach dem Öffnen im Kühlschrank aufbewahren. Vor dem Servieren mit Wasser verdünnen.
Ergibt gut 2 Liter Sirup

Curry mit Rhabarber + Linsen

Rhabarber in einem Curry mag seltsam anmuten, aber der Geschmack passt wunderbar zu Linsen und Gewürzen. Wenn man sich an Rhabarberdesserts satt gegessen hat, ist dies eine erfrischend pikante Abwechslung.

- 2 EL Traubenkern- oder Sonnenblumenöl
- 2 Lauchstangen, geschnitten
- 1 Zwiebel, gehackt
- 2 Stangen Staudensellerie, geschnitten
- 3 frische Knoblauchzehen
- 1 TL Kreuzkümmel
- 1 TL Koriandersamen
- ½ TL grobes Meersalz
- 1 TL Paprikapulver
- ¼ TL Kurkuma
- 350 g Rhabarber, in 1 cm langen Stücken (2–3 dicke oder 6–8 dünne Stangen)
- 150 g grüne Linsen
- 700 ml Gemüsebrühe
- 1–2 EL brauner Zucker
- Meersalz und frisch gemahlener schwarzer Pfeffer
- Basmatireis, Joghurt und frische Korianderblätter oder Petersilie zum Servieren

Einen großen Topf mit dem Öl erhitzen, dann Lauch, Zwiebel und Sellerie hineingeben und unter gelegentlichem Rühren dünsten.
Währenddessen den Knoblauch mit Kreuzkümmel, Koriandersamen und Meersalz in einem Mörser zu einer Paste vermengen. Diese mit Paprikapulver und Kurkuma zum gedünsteten Gemüse geben und etwa eine Minute umrühren. Dann Rhabarber, Linsen und Gemüsebrühe in den Topf geben, abdecken und zum Kochen bringen.
Bei niedriger Hitze 30 Minuten köcheln lassen. Den braunen Zucker einrühren, die Flüssigkeit probieren und gegebenenfalls mit Würze, Salz, Pfeffer und etwas Zucker abschmecken. Im offenen Topf weitere 30 Minuten köcheln lassen und gelegentlich umrühren.
Auf einem Reisbett und mit einem Schlag Joghurt obenauf servieren, mit frischen Kräutern bestreuen.
Ergibt 4–6 Portionen

Tipp Die Rhabarberstangen lassen sich leicht mit einer Bürste und Wasser reinigen. Die giftigen Rhabarberblätter kompostieren.

Frittierte Holunderblüten

Ein süßer Schmaus – die Blüten schnellstmöglich nach dem Schnitt frittieren.

Blüten gründlich waschen, Insekten entfernen. Einen zähflüssigen Teig aus Mehl, kaltem Sprudelwasser oder Cidre, einem Ei und etwas Zucker herstellen. Etwas Sonnenblumenöl in einer großen Pfanne erhitzen, die Blüten am Stiel festhalten, in den Teig tauchen und goldbraun frittieren. Mit Puderzucker bestreuen und genießen.

Dicke Bohnen mit Salat

Am liebsten bereite ich die ersten Dicken Bohnen gedünstet, zusammen mit Salat zu.

Kochtopf mit Salatblättern auslegen. Ein Stück gesalzene Butter darauflegen, wenige Tropfen Wasser über den Salat träufeln. Bohnen dazugeben. Bei schwacher Hitze fällt der Salat zusammen und die Bohnen werden darin gar gekocht. Auch der gekochte Salat schmeckt delikat.

Sommer

JUNI	DRINNEN / UNTER GLAS	DRAUSSEN IN GARTENERDE
Artischocken		
Blumen	★	★
Blumenkohl	★	★
Brokkoli (Sommerbrokkoli)		
Brokkoli (Sprossbrokkoli)		★
Dicke Bohnen		
Erbsen		★
Erbsentriebe	★	★
Erdbeeren		★
Fenchel	★	★
Frühlingszwiebeln		★
Grünkohl	★	★
Gurken	★	★
Holunderblüten		
Kirschen		
Knoblauch		
Kohl (Frühling/Winter)	★	★
Kohl (Sommer)		
Kürbis	★	★
Mangold	★	★
Möhren		★
Neue Kartoffeln		
Radieschen	★	★
Rhabarber		
Rote Beete		★
Rüben, Weiße		★
Rucola	★	★
Salat/Salatblätter	★	★
Sellerie	★	★
Sommerbeeren		
Sommerkräuter	★	★
Spargel		
Spinat	★	★
Stangen- und andere Bohnen		★
Steckrüben		★
Weinblätter		
Winterkräuter	★	★
Zucchini	★	★
Zuckermais	★	★

FÜR GEFÄSSE GEEIGNET	JETZT ERNTEN	REZEPTE UND WEITERE INFOS
	★	Die perfekte Artischocke, 94; siehe 80, 93
★	★	Siehe 116
★	★	Blumenkohlsuppe mit Kokosmilch, 182; s. 172, 183
★	★	Siehe 98
★		Risotto aus Sprossbrokkoli + Graupen, 39; siehe 35
★	★	Bohnen-Tabouleh, 92; siehe 68, 75, 113
★	★	Eiertörtchen mit Erbsen + Feta, 72; siehe 67
★	★	Siehe 67
★	★	Siehe 83
★		Siehe 140
★	★	Grüne Suppe, 57; siehe 61, 72, 92, 112, 131
★	★	Safran-Reis-Brühe mit Wintergemüse, 38; siehe 42
★	★	Rauchige Gazpacho, 128; siehe 105, 167
	★	Holunderblütensirup, 74; siehe 70,75
★	★	Siehe 89
★	★	Bohnen-Knoblauch-Püree, 113; siehe 39, 55, 75, 100
★		Salat aus Steckrüben + Rotkohl, 200
★	★	Linsen-Kohl-Päckchen, 203; siehe 123
★		Kürbispastete, 169; siehe 124, 149, 162, 165, 167
★	★	Kuku mit Ampfer + Mangold, 36; siehe 32, 39, 57
★	★	Siehe 167, 179
★	★	Siehe 91
★	★	Siehe 64
	★	Rhabarber-Linsen-Curry, 75; siehe 52, 56
★	★	Siehe 138
★	★	Siehe 180
★	★	Grüne Suppe, 57; siehe 46
★	★	Dicke Bohnen mit Salat, 75; siehe 57, 63
★		Selleriegratin mit Steinpilzen + Maronen, 182; s. 175
★	★	Siehe 108
★	★	Kartoffelkuchen mit Parmesan, 93; siehe 28, 84
★	★	Ricotta-Päckchen mit Spargel + Linsen, 55; siehe 50
★	★	Siehe 32
★	★	Bohnen mit Sojasoße, 112; siehe 106, 127, 131
★		Salat aus Steckrüben + Rotkohl, 200
★	★	Siehe 87
★	★	Siehe 150, 169, 198
★		Zucchini Snack, 113; siche 102, 128, 148
★		Mais-Avocado-Suppe, 131; siehe 119

Artischocken

In diesem Jahr gepflanzte Artischocken sollte man erst im nächsten Jahr zurückschneiden. Wenn sich die Pflanzen einmal etabliert haben, werden Sie diese Saison in den kommenden Jahren lieben. Man kann die Knospen schon in frühem Stadium schneiden, denn so wird die Pflanze ermuntert, neue anzusetzen. Bei kleineren Pflanzen sollte man die zentrale Hauptknospe als erstes schneiden. Artischocken beherbergen stets Insekten, vor allem die Kriebelmücke. Taucht man die Artischocken in Essigwasser, ergreifen die Tiere aber schnell die Flucht.
Hinweise zur Zubereitung gebe ich auf Seite 94. Junge Artischocken können auch roh gegessen werden (siehe das Artischocken-Carpaccio auf Seite 93).

Anfang Juni

Rasch weitertopfen

Ich kann die bevorstehende Farbexplosion in meinem Garten schon erahnen. Was bis jetzt eine vielfältige Variation der Farbe Grün war, verwandelt sich durch die Blüten von Kürbis, Kartoffeln, Tomaten und Kapuzinerkresse und das Reifen der Beeren in eine Palette von Rot-, Gelb- und Rosatönen.

Pünktlich pflücke ich am 1. Juni die ersten sonnengewärmten Erdbeeren. Ein passender Tag, stehen diese Früchte doch sinnbildlich für diesen Monat. An jedem der letzten Abende hatten wir ein kleines Festmahl aus Erbsen und Dicken Bohnen, Minze, Koriander und mit Erbsentrieben gewürzten Salaten sowie Artischocken.

Plötzlich muss alles ausgepflanzt oder getopft werden, besonders die Schalen mit Salat und Kohlpflanzen aus dem Gewächshaus. So setze ich emsig alles an seinen endgültigen Standort, was aber die Vorbereitung der Flächen voraussetzt. Unkraut muss gezogen, Steine, Ziegel- und Keramikscherben, die der Regen an die Oberfläche gespült hat, müssen herausgeharkt werden. Auf die Fläche unserer Anlage gingen im Zweiten Weltkrieg noch dazu Bomben nieder und so werden immer wieder seltsame Relikte zutage gefördert – ein kleines Glas Bovril-Fleischextrakt, eine verrostete Armbanduhr, ein Stück Austernschale, ein Schlüssel. Daneben gibt es immer auch Müll wegzuschaffen, der von der Straße hereinweht oder einfach achtlos in die Gärten geworfen wird.

Die meiste Zeit verbringe ich jetzt mit Unkrautjäten. Frisch gekeimtes Unkraut kann man bei genügend Platz mit einer scharfen Hacke eliminieren. Es reichen aber ein paar faule Tage ohne Hacke und es ist wieder Handarbeit angesagt. Zwischen den Zwiebeln muss man ohnehin von Hand jäten, um das Gemüse nicht zu verletzten. Ihnen scheint Unkraut zwar auf den ersten Blick nicht viel auszumachen, aber quasi über Nacht kann das Blatt sich wenden und das Unkraut die Zwiebeln komplett überragen.

Links Artischocken sind ebenso schmackhaft wie wunderschön.
Unten Eine Traube weißer Johannisbeeren, wie ein Bündel Perlen.

»Frisch gekeimtes Unkraut kann man mit einer scharfen Hacke eliminieren. Es reichen aber ein paar faule Tage ohne Hacke und es ist wieder Handarbeit angesagt.«

Zwei Stunden dauert es, bis ich die Unkrautalleen zwischen den Zwiebeln mit Handschuhen und einer kleinen Hacke beseitigt habe. Zwar wird Jäten häufig als meditative Beschäftigung bezeichnet, aber dennoch schmerzen meine Oberschenkel nach dem permanenten Vornüberbeugen.

Im Beet mit dem ausgesäten Wurzelgemüse sind neben den gekeimten Gemüsearten auch Unkräuter gesprossen. Erst jetzt kann ich das fedrige Möhrenlaub, die rosarot angehauchten Blätter der Roten Beete und das der Petersilie ähnelnde Grün der Pastinake von den ungebetenen Gästen sicher unterscheiden. Nun sind Geduld und ein geschultes Auge gefragt, aber wenn erst einmal die meisten Unkräuter gezogen sind, kann das Gemüse ausgedünnt werden und die verbleibenden Pflanzen entwickeln sich dann in großen Sprüngen.

Was jetzt getan werden muss

Unten Bei Tomatenpflanzen müssen aus den Blattachseln des Haupttriebes sprießende Seitentriebe abgeknipst werden.

Tomaten an ihren endgültigen Standort pflanzen

Für Tomaten kann man ab Ende Mai bei milder Witterung draußen einen sonnigen und halbwegs geschützten Standort suchen. Viele Sorten werden groß, so dass man, um eine gute Durchlüftung zu gewährleisten, ausreichend Platz vorsehen sollte – die Pflanzen sollten nicht näher als 60 cm zueinander stehen. Alternativ kann man sie in großen Töpfen ziehen.

Tomaten sind problemlos zu pflegen, brauchen aber auf Dauer eine solide Stütze, zum Beispiel Bambusstangen oder -rahmen. Man kann sie jetzt schon anbringen oder auch noch etwas damit warten. Ein Bambusrohr zum Anbinden reicht zunächst. Um eine optimale Ernte zu erhalten, müssen stets die Seitentriebe ausgeknipst werden, die aus den Blattachseln der Haupttriebe wachsen (siehe links); wenn sie größer geworden sind, muss man sie mit einer Schere abschneiden. Auch wenn sie schon recht groß geworden sind, kann man sie noch herausschneiden, ohne dass es der Tomatenpflanze etwas ausmacht.

Aus diesen großen Trieben entwickeln sich sogar eigene Pflanzen, wenn man sie in Wasser stellt, idealerweise in ein lichtundurchlässiges Behältnis. Dort werden sie Wurzeln bilden. Wenn dies früh in der Saison geschieht, werden diese Triebe nach dem Auspflanzen eine große Chance haben, zu solch stattlichen Exemplaren zu werden wie die Pflanzen, von denen sie stammen. Wie bei Erdbeeren empfiehlt es sich, den Fuß mit einer Strohschicht abzudecken, um niederliegende Früchte trocken und frei von Schneckenfraß zu halten.

Sobald sich die ersten Blüten geöffnet haben – und nicht eher –, kann man die Tomaten mit einem speziellen Flüssigdünger unterstützen. Dies kann man alle zwei bis drei Wochen wiederholen. Markieren Sie diese Tage in einem Kalender (ich habe einen in meiner Laube aufgehängt), damit Sie es nicht vergessen.

Lauch auspflanzen

Lauch kann zusammen mit den anderen Zwiebelgewächsen stehen – aber man sollte wissen, dass er bedeutend länger im Beet bleibt als die anderen Mitglieder der Zwiebelfamilie, bis in den Winter oder sogar ins Frühjahr hinein. Er wird üblicherweise ausgepflanzt, wenn er bleistiftdick ist. Aber ich pflanze ihn bereits seit Jahren mit Erfolg aus, wenn er gerade die Stärke von Schnittlauch erreicht hat. Die Pflanzen etablieren sich schnell, wenn man mit dem Ende eines Hacken- oder Schaufelstiels etwa 15 cm tiefe Löcher in die Erde drückt, die Lauchpflänzchen hineinsetzt, das Loch mit Wasser füllt und wieder Erde andeckt. Wenn Sie für Ihren Platz zu viele Sämlinge haben, kochen und essen Sie sie jetzt (roh im Salat oder gebraten wie Frühlingszwiebeln), oder pflanzen Sie die Stangen in dichten Gruppen. Sie werden dann zwar nicht so gut wachsen, aber so bleiben sie am Leben und können später jederzeit geerntet oder aber versetzt werden.

Tipp

Setzen Sie Gurken, Paprika und Auberginen in große Töpfe, in denen sie dann bleiben. Paprika und Auberginen gedeihen am besten im Treibhaus, entsprechend geeignete Gurkensorten können dagegen auch nach draußen (siehe Seite 87).

Erdbeeren

Erdbeeren sind leicht zu ziehen, aber sobald sie sich rot färben, fallen die Schnecken über sie her und mit ihnen die Vögel, wenn man die Beeren nicht durch ein Netz schützt. Stroh unter den reifenden Beeren hält Schnecken und andere Schädlinge fern.
Freuen Sie sich an Ihrer täglichen Erdbeerernte mit einem Frühstücksmüsli oder -joghurt mit Honig. Für einen köstlichen Milchshake befüllen Sie Ihre Küchenmaschine mit Erdbeeren, Milch und Vanilleeis. Mein bevorzugtes Erdbeerdessert ist eine Mischung aus Beeren, zerbröseltem Baiser und Schlagsahne mit Rosenwasser (siehe auch die Rhabarberversion auf Seite 56). Die Blätter und Blüten sind eine umwerfende Garnierung für Nachspeisen. Obgleich Marmelade zu den beliebtesten Produkten aus Früchten zählt, ziehe ich frische Früchte vor. Jeder Überschuss kann in kleinen Portionen eingefroren werden: für einen spontanen Joghurtdrink oder ein fruchtiges Glas Sekt.

Sommerkräuter

Nach Jahren des Experimentierens habe ich mich entschlossen, die meisten Sommerkräuter zu Hause in Töpfen zu ziehen, griffbereit fürs tägliche Kochen. Eine kleine betonierte Ecke vor der Küche ist komplett zugestellt mit einem Wald aus Kräutern. Auf meiner Küchenfensterbank stehen noch weitere, vor allem Basilikum. Basilikum, Petersilie, Minze, Majoran, Oregano, Dill, Koriander, Schnittlauch und Estragon sind die Stars des Sommers. Sie verfeinern Salate, Soßen oder Suppen. Zur Zeit esse ich oft Dicke Bohnen mit Minze oder Majoran und Erdbeeren mit Basilikum, aber schon bald werde ich die intensiv schmeckenden Blätter dieser Kräuter unter Tomaten, Kartoffeln, Zucchini und Gurken mischen. Nur wenige Kombinationen aus Sommerkräutern und Gemüse oder Früchten sind verkehrt – einzige Ausnahme: Schnittlauch mit Früchten.

Gegenüber Ausgediente Bretter dienen im Kleingarten vorübergehend als Wege.

Mitte Juni
Zeit der Sonnenwende

Die langen, warmen Junitage sind die Belohnung für das Durchstehen der dunklen Winterwochen. Alles, Unkräuter eingeschlossen, wächst innerhalb einer Woche zu doppelter Größe heran. Bohnen rasen die Stangen hinauf, der Zuckermais ist schon 30 cm hoch, Kürbis rankt in alle Richtungen, Dicke Bohnen und Erdbeeren quellen förmlich über. Meine Feierabende sind ein einziges Unkrautjäten, Wässern, Ernten, Waschen, Schneiden, Schälen, Kochen und Essen. Zum Essen komme ich allerdings selten vor 22 Uhr, weil ich das letzte Licht des Mittsommers mitbekommen will. Manchmal bin ich so erledigt, dass ich mit leerem Magen ins Bett falle – und all das für Nahrungsmittel, die ohnehin zu viel sind für unseren Haushalt. Doch diese befriedigende Arbeit und das köstliche Essen entschädigen mich für meine Rückenschmerzen.

An den vielen Jungpflanzen probiere ich derzeit eine neue Schneckenfalle aus: die Schale einer Wassermelone. Eine Freundin aus den USA legt diese in ihrem Garten über Nacht aus und die Schnecken sammeln sich daran. Am Morgen befördert sie die versammelten Schnecken ins Jenseits. Einen Versuch ist es wert, zumal mein Gemüsehändler griechische Melonen gerade günstig anbietet. Aber noch weiß ich nicht, wie ich es übers Herz bringen soll, die Tiere umzubringen.

Ich kaufe ein Viertel Wassermelone, mache daraus einen Salat mit Feta und Minze zum Abendessen (mit Dicken Bohnen dazu und Erdbeeren als Nachtisch), püriere den Rest und fülle ihn in eine Eiswürfelform für eine gefrorene Leckerei irgendwann. Dann lege ich die Melonenschale nach draußen. Am nächsten Morgen finde ich daran zu meiner Enttäuschung nicht eine Schnecke. Sie haben dem Garten wohl nur einen kurzen Besuch abgestattet und verdauen jetzt friedlich ihre Mahlzeit in einem Versteck. Da komme ich auf die Idee, dass die Schale auch ein schönes, mit Bier gefülltes Grab abgeben könnte. Das probiere ich am nächsten Abend – doch nichts. So viel dazu …

Oben Eine junge Gurkenpflanze wird bald anfangen zu klettern.
Rechts Salat zwischen Zwiebeln, Lauch und – wie immer – Unkraut.

»Umgetopfte oder ausgepflanzte Gurken werden jetzt bald loslegen und für ihren Weg nach oben eine Rankhilfe brauchen.«

Was jetzt getan werden muss

Gurken stützen

Umgetopfte oder ausgepflanzte Gurken werden jetzt bald loslegen und für ihren Weg nach oben eine Rankhilfe brauchen. Lange Bambusstangen reichen aus, feste Schnüre gehen auch, sofern es über den Pflanzen Befestigungsmöglichkeiten gibt. Befestigen Sie dazu die Schnur am Fuß der Pflanze, winden sie locker um den Haupttrieb herum und binden sie über der Pflanze fest.

Mangold säen

Mangold ist eine wertvolle Gemüsepflanze – sie ist leicht zu ziehen, bekommt selten Krankheiten (Schnecken mögen sie natürlich), wächst nach dem Schnitt freudig nach und hält das ganze Jahr bis in den Winter hinein. Eine zwei Meter lange Reihe im Freiland reicht für eine mehrmalige Ernte aus. Kleinere Mengen können auch in rechteckigen Töpfen gezogen werden. Die Sorte »Bright Lights« ist eine umwerfende Mischung aus leuchtend rot, gelb und orangefarben gerippten Blättern und sieht fantastisch aus (siehe auch Seite 32).

Man sät Mangold frühestens im April und bis in den August hinein. Im Freiland sät man in flache Rillen und pikiert die Pflanzen, sobald sie gut zu fassen sind. Ich bin bekannt dafür, dass ich das Ausdünnen überspringe und stets übervölkerte Mangoldreihen habe. Aber meine Ernte ist trotzdem gut. Die Blätter können jung für den Salat und später zum Kochen geerntet werden. Man schneidet besser von mehreren Pflanzen wenige Blätter ab als von einer sehr viele. Aber selbst dann treibt die Pflanze wieder nach.

Tipp

Selleriesämlinge im Abstand von 20–30 cm auspflanzen.

Weiße Rüben ins Freiland säen.

Weinblätter

Glücklicherweise habe ich Zugriff auf zwei Weinpflanzen – eine habe ich mit meinem Garten übernommen, die andere wächst von meinem zypriotischen Nachbarn herüber in meinen Hausgarten. Wenn Sie keinen Wein haben, sollten Sie Blätter sammeln, aber achten Sie darauf, dass sie nicht gespritzt sind. Der Wein meines Kleingartens wuchs durch den Zaun zur Straße und war von Anwohnern im Nu abgegrast, bevor ich »Piep« sagen konnte. Die handgroßen Blätter schmecken säuerlich, sind im Frühsommer noch zart und können etwa mit Reis gefüllt werden. Wenn man sie vorher in kochendem Wasser blanchiert, lassen sie sich besser rollen. Ansonsten kann man sie wie junges Gemüse behandeln, waschen und schneiden, kochen oder braten. In Salzlake halten sie das ganze Jahr. Das erklärte mir mein zypriotischer Nachbar, ich habe es allerdings noch nie ausprobiert.

Ende Juni

Lloyd und Suzanne

Anders als ich haben Lloyd und Suzanne einen großen, überaus produktiven Kirschbaum in ihrem Kleingarten. Aber sie sind großzügig und versorgen mich stets mit ihrem Überfluss an Ernte. Ich revanchiere mich mit Jungpflanzen und Dicken Bohnen. (Einmal wollte ich auch Miss Gaynor Dicke Bohnen schenken. Sie baut mit Fred Kidneybohnen für Reis mit Bohnen an und lehnte mein Angebot freundlich ab. Mit einem Schmunzeln sagte sie: »In Jamaica füttern wir damit die Schweine.« Na gut.)

Suzanne verlässt ihren Garten mit einem beneidenswerten Bündel Rote Beete – jetzt schon! Meine liegen noch weit zurück. Als ich sie nach ihren Plänen für das Gemüse fragte, verriet sie mir voller Verzückung ein Rezept für geröstete Rote Beete mit einer Tarte aus Ziegenkäse, Dill und Zwiebeln, die in Wein und Honig karamellisiert werden. Das spare ich mir auf für meine Rote-Beete-Ernte im Spätsommer.

Lloyd und Suzanne sprudeln über vor guten Ideen. Im Februar brachten Dan und ich eine Ladung Doppelstegplatten in unseren Kleingarten, die wir im Wald gefunden hatten. Dieses Material kostet sonst viel, daher hofften wir, mit den wiederverwerteten Platten ein günstiges, aber doch hochwertiges Gewächshaus bauen zu können. Ich stand diesem Unterfangen erst skeptisch gegenüber, aber Dan ist ein Meister des Bauens und Bastelns. So vertraute ich darauf, dass er ein Wunder vollbringen würde. Die Kunststoffplatten waren riesengroß, gespickt mit Moos und Spinnweben, und es war kein Vergnügen mit ihnen zu hantieren. Wir schrubbten sie ab und nahmen Maß entsprechend Dans Planzeichnung. Mit einer Bügelsäge begann Dan den Zuschnitt der ersten Tafel, während ich sie zu stützen versuchte. Nach zehn Minuten hatte Dan einen 50 cm langen Einschnitt geschafft. Es war ein bitterkalter Nachmittag und ich war am Ende meiner Kräfte – es wurde uns klar, dass dieses Projekt etwas zu ambitioniert war.

Kirschen

Kirschen während ihrer kurzen Saison eine nach der anderen verschlingen – das ist die beste Methode, sich an diesem prallen, saftigen Obst zu freuen. Besonders gut schmecken sie gekühlt oder auch in geschmolzene Schokolade getunkt. Kirsche und Schokolade sind eine schmackhafte Kombination, man denke nur an eine Schwarzwälder Kirschtorte. Eindruck können Sie auch mit einer Schwarzwälder Pavlova machen: Auf ein großes Nest aus Kakao-Baiser kommt ein Kissen aus Schlagsahne mit Kirschwasser, bestreut mit Schokosplittern und gekrönt mit Kirschen.
Clafoutis ist ein traditioneller französischer Obstkuchen, für den sich Kirschen ausgezeichnet eignen. Dabei muss man die Kirschen nicht einmal entsteinen. Entsteinen ist eine mühselige Arbeit, so dass ein Entsteiner eine nützliche Anschaffung für Kirschenliebhaber ist. Entsteinte Kirschen können eingefroren werden.

Gegenüber, im Uhrzeigersinn Junge Dicke Bohnen; rote Johannisbeeren; ein Küchenmesser für Dicke Bohnen; leckere Erbsentriebe.

»Es ist eine Schande, ich weiß, aber am Johannistag (24. Juni) geht die Spargelsaison zu Ende.«

Dann kam Lloyd zu Hilfe und bot uns seine aufladbare Kreissäge an, von der er passioniert und geradezu hochachtungsvoll sprach. Wir gingen zu ihm nach Hause, holten sie, und nie werde ich den fürchterlichen Lärm vergessen, den diese Säge in den Kunststoffplatten von sich gab (und die Anwohner entlang der Kleingartenanlage wohl auch nicht). Aber nach drei Stunden Arbeit hatten wir wie durch Magie ein »neues« Gewächshaus und einen verrückbaren Frühbeetkasten obendrein. Wir gaben die Säge zusammen mit einer guten Flasche Rioja an Lloyd zurück.

Was jetzt getan werden muss

Spargelernte beenden

Es ist eine Schande, ich weiß, aber am Johannistag (24. Juni) geht die Spargelsaison zu Ende. Er treibt zwar noch verführerisch weiter, aber um auch im kommenden Jahr eine reiche Ernte zu haben, muss er von jetzt an ruhen. Ein kleines Trostpflaster ist die Vorfreude auf die hohen, ausgewachsenen Pflanzen mit ihrem federleichten, feinen Laub, in die der Spargel sich verwandelt. Wenn die Pflanzen sich im Oktober gelb färben, sollte man sie abschneiden. Nur ein Stumpf bleibt zurück (siehe Seite 161).

Kohlsetzlinge auspflanzen

Wenn die Kohlpflänzchen 10–15 cm hoch sind, können sie an ihren endgültigen Platz gepflanzt werden. Sie mögen einen nährstoffreichen, eher schweren Boden. So ist es bei Lehmboden ratsam, die Fläche zuerst umzugraben und dann feinkrümelig zu ziehen. Geben Sie den Pflanzen reichlich Platz: 1 m² pro Pflanze. Vögel, in erster Linie Tauben, werden die Setzlinge schnell als Frühstück verspeisen, wenn sie nicht mit einem Netz geschützt werden (siehe auch Seite 44).

Kartoffeln

Jetzt sollten die Frühkartoffeln soweit sein. Diese vielseitigen Feldfrüchte bereichern den Esstisch von nun an bis zum Winter. Vorsicht ist beim Ausgraben mit der Grabegabel geboten, um keine Kartoffeln aufzuspießen. Bei jedem Aufwühlen kommen Kartoffeln ans Tageslicht, aber holen Sie nur so viele aus dem Boden, wie Sie verwenden können. Direkt aus der Erde in den Kochtopf bereiten sie das gleiche himmlische Vergnügen wie frisch geernteter Spargel oder Zuckermais.
Neue Kartoffeln schmecken am besten in Salzwasser gekocht, eventuell mit etwas Minze. Man kann sie am Stück essen oder zerteilen und mit etwas Weinessig und Olivenöl beträufeln. Bei der Haupternte sollte man die Kartoffeln auf der Erde trocknen lassen, bevor man sie an einem kühlen, trockenen Platz einlagert. Ein Apfel oder eine Orange bei den Kartoffeln soll Fäulnis vorbeugen. Ich persönlich ziehe das Kochen, Zerteilen und Einfrieren dem konventionellen Lagern vor.

Tipp

Nun ist die letzte Möglichkeit, Zuckermais zu säen.

Ebenfalls letzte Chance: Stangenbohnen säen oder pflanzen.

Weiteren Salat säen.

Kohlpflanzen für den Spätwinter und die Ernte im Frühling säen.

Oben Junge Maispflanzen können jetzt ausgepflanzt werden, aber es ist auch immer noch Zeit genug, weitere zu säen.

Tabouleh mit Dicken Bohnen, Quinoa + Aprikosen

Ein Tabouleh wird traditionell mit Bulgur und sehr viel Petersilie gemacht. Diese Version basiert auf dem nahrhaften Wundergetreide Quinoa, das viel Protein bei wenig Kohlehydraten enthält und einen wundervoll reinen Geschmack hat.

- 200 ml Quinoa, gemessen nach Volumen
- 400 ml Wasser
- 200 g junge Dicke Bohnen, Gewicht ohne Hülse (auch gefrorene sind okay)
- 8 getrocknete Aprikosen, grob gehackt

- Geraspelte Schale einer großen Zitrone
- 3 EL frischer Zitronensaft
- 3 EL Olivenöl
- Meersalz und frisch gemahlener schwarzer Pfeffer

- 4 Frühlingszwiebeln
- 4 EL frisch gehackte Minze
- 4 EL frisch gehackte Petersilie
- 1 große Strauchtomate, gehackt

Eine tiefe Pfanne bei mittlerer Hitze erwärmen. Quinoa hinzugeben und umrühren, bis die Körner etwas gebräunt sind und knacken. Wasser einrühren und zum Kochen bringen, dann bei gesenkter Temperatur und zugedeckt 10 Minuten köcheln lassen. Danach Dicke Bohnen und Aprikosenstücke dazugeben und einmal umrühren. Zugedeckt weitere 3–5 Minuten kochen lassen, bis die Flüssigkeit absorbiert ist, die Getreidekörner aber noch nicht aneinanderkleben. Die Bohnen sind dann zart und die Aprikosenstücke prall. Aus der Pfanne auf eine flache Schale heben und abkühlen lassen. Saft und Schale der Zitrone mit Olivenöl, Pfeffer und Salz mischen. Wenn das Getreide kalt ist, mit dem Dressing und den gehackten Zwiebeln, Kräutern und der Tomate vermengen. **Ergibt 4 Portionen**

Tipp Ältere Dicke Bohnen haben feste Häute, aber verwenden Sie die Bohnen trotzdem ruhig ungeschält – die Häute enthalten gesunde Ballaststoffe.

Kartoffelkuchen mit Parmesan + Sommerkräutern

Verwenden Sie jegliche Sommerkräuter, die Sie bekommen können, aber verzichten Sie auf Minze. Sie verträgt sich nicht mit Parmesan. Braten Sie diesen Kuchen nicht, denn er würde auseinanderfallen. Bräunen Sie ihn nur zart in wenig Öl.

- 750 g Kartoffeln, geschält und in große Stücke geschnitten
- Meersalz
- 1 TL Weißweinessig
- 75 g Parmesan, fein geraspelt
- Frisch gemahlener schwarzer Pfeffer
- 2 EL Kapern in Weinessig, abgetropft
- 1 Handvoll Petersilie, gehackt
- 1 Handvoll Basilikum, gehackt
- 1 Zweig Oregano oder Majoran, Blättchen grob gehackt
- 1 Zweig Estragon, Blättchen grob gehackt
- Etwas Schnittlauch, gehackt
- Traubenkernöl oder Sonnenblumenöl

Kartoffelstücke etwa 15 Minuten in Salzwasser kochen, bis sie gar sind. Abtropfen und ein paar Minuten im Sieb lassen, dann in eine Schüssel füllen. Mit Essig besprenkeln, den Parmesan dazugeben und mit reichlich Pfeffer bestreuen. Mit einer Gabel die Kartoffeln zerdrücken, aber eher eine klumpige Konsistenz herstellen, kein feines Püree. Abkühlen lassen.

Kapern und Kräuter unter die Kartoffelmasse rühren. Hände mit etwas Öl einreiben und aus der Masse 10–12 flache Kuchen formen. Ein klein wenig Öl in eine beschichtete Pfanne geben, die Kuchen bei mittlerer Hitze darin 5–7 Minuten knusprig und goldfarben bräunen, wenden und von der zweiten Seite bräunen. Heiß servieren. **Ergibt 4 Portionen**

Artischocken-Carpaccio

Ein leckerer Salat aus jungen, rohen Artischocken

Einige kleine Artischocken vorbereiten: Spitze abschneiden, die äußeren, harten Blätter entfernen, so dass nur das Herz bleibt. Von oben nach unten halbieren und die Haare mit einem Teelöffel abschaben. In eine Schüssel mit Zitronenwasser legen. Jedes Stück in sehr dünne Scheiben schneiden, mit Zitronensaft beträufeln und auf kleinen Tellern mit Salz, Olivenöl, Parmesanspänen und jungen Salatblättern servieren.

Die perfekte Artischocke

... und wie man sie isst. Man bereitet Artischocken in all ihrer Pracht am besten mit einer einfachen Zitronen-Pfeffer-Mayonnaise-Soße zu. Wenn ich wählen müsste, wäre dies sogar meine letzte Mahlzeit. Falls Sie in Eile sind, schauen Sie sich die Variante für die Mikrowelle unten an – schmeckt nicht so gut wie gekocht, geht aber schneller.

- Artischocken
- Wasser
- Salz
- Weißweinessig oder Apfelessig
- Öl

Für den Dipp
- 4 EL Mayonnaise
- Saft einer halben Zitrone
- Frisch gemahlener schwarzer Pfeffer

Einen großen Topf mit Wasser zum Kochen bringen, reichlich Salz und einen Schuss Essig für das Aroma dazugeben sowie einen Tropfen Öl, der den Artischocken Glanz verleiht.

Den Stiel direkt an der Basis abschneiden. Falls die Blätter stachelig sind, die Blattspitzen oder gleich das obere Viertel der Artischocke abschneiden. Die Artischocken kochen, bis sich ein Blatt aus der Mitte leicht lösen lässt, was je nach Größe und Menge der Artischocken 20–40 Minuten dauert. Mit einem Schaumlöffel aus dem Wasser heben und kopfüber auf einem Küchentuch abtropfen lassen.

In einer kleinen Schale das Dressing zubereiten. Die Mayonnaise mit dem Zitronensaft verrühren, reichlich Pfeffer unterrühren.

Blätter einzeln abrupfen, mit dem dicken Ende in das Dressing tauchen und mit den Zähnen das zarte Fruchtfleisch abschaben. Wenn Sie zur behaarten Mitte kommen, die Haare mit einem kleinen Messer und einer sägenden Bewegung am Rand entlang abtrennen und die saftige Basis freilegen. Dies ist das beste Stück – Ihre Belohnung. Genießen Sie jeden Bissen mit dem Zitronendressing.

Mikrowellen-Methode: Die gewässerten Artischocken abtropfen lassen (siehe Tipp unten), mit ein paar Esslöffeln Wasser in ein mikrowellengeeignetes Gefäß geben und zudecken. Eine 300 g schwere Artischocke braucht bei hoher Hitze 8–9 Minuten; 5 Minuten zugedeckt stehen lassen. Probieren und falls sie noch zu hart ist, noch ein paar Minuten in der Mikrowelle garen.

Tipp Die Artischocken zunächst in einer Schüssel mit kaltem Wasser und einigen Esslöffeln Essig wässern, um Insekten zu entfernen.

JULI	DRINNEN / UNTER GLAS	DRAUSSEN IN GARTENERD
Artischocken		
Blumen		
Blumenkohl		
Brokkoli (Sommerbrokkoli)		
Brokkoli (Sprossbrokkoli)		
Dicke Bohnen		
Erbsen		
Erbsentriebe	★	★
Erdbeeren		★
Fenchel		
Frühlingszwiebeln	★	★
Grünkohl		
Gurken		
Kartoffeln		
Kirschen		
Knoblauch		
Kohl (Frühling)	★	★
Kohl (Sommer)		
Mangold		
Möhren		
Radieschen	★	★
Rhabarber		
Rote Beete		
Rüben, Weiße		★
Rucola	★	★
Salat/Salatblätter	★	★
Sommerbeeren		
Sommerkräuter	★	★
Spinat	★	★
Stangen- und andere Bohnen		
Steckrüben		★
Tomaten		
Winterkräuter	★	★
Zucchini		
Zwiebeln/Schalotten		

FÜR GEFÄSSE GEEIGNET	JETZT ERNTEN	REZEPTE UND WEITERE INFOS
	★	Die perfekte Artischocke, 94; siehe 80, 93
★	★	Siehe 116
★	★	Blumenkohlsuppe mit Kokosmilch, 182; s. 172, 183
★	★	Siehe 98
★	★	Risotto aus Sprossbrokkoli + Graupen, 39; siehe 35
★	★	Bohnen-Tabouleh, 92; siehe 68, 75, 113
★	★	Eiertörtchen mit Erbsen + Feta, 72; siehe 67
★	★	Siehe 67
★	★	Siehe 83
★	★	Siehe 140
★	★	Grüne Suppe, 57; siehe 61, 72, 92, 112, 131
★	★	Safran-Reis-Brühe mit Wintergemüse, 38; siehe 42
★	★	Rauchige Gazpacho, 128; siehe 105, 167
★	★	Kartoffelkuchen mit Parmesan, 93; siehe 57, 91
★	★	Siehe 89
★	★	Bohnen-Knoblauch-Püree, 113; siehe 39, 55, 75, 100
★		Salat aus Steckrüben + Rotkohl, 200
★	★	Linsen-Kohl-Päckchen, 203; siehe 123
		Kuku mit Ampfer + Mangold, 36; siehe 32, 39, 57
★	★	Siehe 167, 179
★	★	Siehe 64
	★	Rhabarber-Linsen-Curry, 75; siehe 52, 56
★	★	Siehe 138
★	★	Siehe 180
★	★	Grüne Suppe, 57; siehe 46
★	★	Dicke Bohnen mit Salat, 75; siehe 57, 63
★	★	Siehe 108
★	★	Kartoffelkuchen mit Parmesan, 93; siehe 28, 84
★	★	Siehe 32
★	★	Bohnen mit Sojasoße, 112; siehe 106, 127, 131
★		Salat aus Steckrüben + Rotkohl, 200
★	★	Gebackene Tomaten, 131; siehe 120
★	★	Siehe 150, 169, 198
★	★	Zucchini-Snack, 113; siehe 102, 128, 148
★	★	Siehe 36, 39, 75, 161

Sommerbrokkoli

Im März gesetzter Sommerbrokkoli kann jetzt geerntet werden. Er ist auch als Calabrese bekannt und nicht mit dem in milden Gebieten winterharten Sprossbrokkoli zu verwechseln. Die Pflanzen bilden einen großen Kopf, nach dessen Ernte kleinere Seitentriebe nachwachsen. Brokkoli ist eigentlich nur ein riesiges Büschel von Blütenknospen, das man in seiner maximalen Größe erntet, aber noch bevor sich die Knospen öffnen.
Der Stiel ist überaus schmackhaft: Wenn man die harte »Rinde« abgeschält hat, kann man das zarte, süße Innere verwenden.
Brokkoli birgt zahlreiche krebshemmende Substanzen sowie wertvolle Vitamine und Mineralien, so dass man ihn vorsichtig zubereiten sollte. Dünsten schont die Inhaltsstoffe am besten. Die Zubereitung in der Mikrowelle ist akzeptabel, allerdings sollte man nur ein paar Tropfen Wasser hinzufügen. Viel Wasser laugt ihn aus. Man sollte ihn auf keinen Fall lange erhitzen.

Anfang Juli

Hier kommen die Zucchini ...

Wie die ersten Spargelstangen von der Ankunft des Frühlings gekündet haben, bestätigt die erste Zucchini, dass es nun wirklich Sommer ist. Jedes Gemüse zeigt nun seine ersten Früchte und es ist stets aufregend, das erste Mal davon zu kosten. Seit ich Kleingärtnerin bin, haben sich meine Sinne für die jeweilige Saison geschärft. So kaufe ich beispielsweise im Winter keine Zucchini mehr. Ich erfreue mich an ihr in ihrer kurzen, aber ertragreichen Saison ab Juli, bis sie sich Ende September mit dem Sommer verabschiedet.

Auch die erste Gurke ist zu sehen und mit ihr rollt eine regelrechte Flut von Kürbisgewächsen auf mich zu. Wie Zucchini schmecken auch Gurken in jungem Stadium am besten. Zwar gibt es unterschiedliche Sorten, aber bei allen Arten versuche ich dann zu ernten, wenn sie die Größe einer Banane erreicht haben. Einige übersieht man stets und sie verwandeln sich wie über Nacht in gigantische Exemplare. Je größer die Blätter werden, desto leichter übersieht man die Früchte. Ein Grund mehr, jetzt auch die Blätter zu essen ...

Ich meine das durchaus ernst. Zu den Höhepunkten meines Kleingärtnerdaseins gehört die Entdeckung des Geschmacks von Kürbisblättern. Dies geschah vor ein paar Jahren Ende August, als ein Mann vor meinem Garten mit seinem Auto anhielt. Er stieg aus seinem Wagen und sagte fast atemlos und mit starkem Akzent: »Seit Tagen komme ich hier vorbei und hoffe, jemanden anzutreffen!« Ich dachte, er sei vielleicht auf der Suche nach einem entlaufenen Haustier. »Bitte, kann ich ein paar Blüten bekommen?« »Welche?« fragte ich. Er zeigte auf den Kürbis. »Diese, die sind gut. Und bitte auch Blätter und Triebe.« Ich hatte die Blätter selbst nie probiert und fragte ihn, was er

Gegenüber, im Uhrzeigersinn Eine reife 'Burpless Tasty Green'- Gurke. Falls sie stachelig ist, mit einem Schwamm abwaschen; Früchte und Blüten der gelben Zucchini beherrschen für einige Wochen den Speiseplan; junge Zucchini sind wie die Blüten besonders schmackhaft; Gurken wachsen gut in ehemaligen Kartoffelsäcken aus gewebtem Kunststoff.

Frischer Knoblauch

Jetzt ist die Zeit gekommen, den langsam wachsenden Knoblauch zu ernten, der überwintert hat. Sein Grün ist braun geworden und hier und dort abgeknickt. Man sollte ihn jetzt ausgraben.
In diesem Stadium hat Knoblauch einen milden Geschmack und man kann die ganze Zwiebel essen, also auch die Schale, bevor sie trocken wird. Man muss nur die trockenen Teile der Zwiebel entfernen und kann ihn dann geschnitten ins Essen, zerstoßen in die Salatsauce oder fein gehackt ins Pesto geben. Oder man lässt die Zwiebeln und das Grün so wie es ist und hängt alles zum Trocknen auf.

Gegenüber Ausläufer von Erdbeerpflanzen werden zur Stärkung der Pflanzen entfernt.

damit anstellen würde. »Einfach zerhacken«, antwortete er, »dann Zwiebeln in Öl andünsten, die Blätter und Wasser dazu – und schon haben Sie Suppe! Oder«, fuhr er fort, »einfach mit Knoblauch braten und getrocknete Chili dazu. Die Blüten – die können Sie mit Fleisch füllen und dünsten. Oder frittieren. Das ist die beste Methode.« Dann erzählte er mir, wie man grüne Tomaten einlegt, mit Salz sowie reichlich Senfsaat und Chili.

Ich füllte also einen Beutel mit kleinen Kürbis- und Zucchiniblättern (er versicherte mir, dass sie nach dem Kochen ihre Stacheln verlieren würden) sowie einigen Blüten, an denen zum Teil schon Zucchini gewachsen waren. Der Mann stammte von Mauritius. Er bot mir sogar Geld dafür an, aber ich lehnte ab. Als er auf sein Haus gegenüber meines Kleingartens deutete, erzählte er mir, dass er kaum gehen könne und selten aus dem Haus komme. Ich versprach, ihm in ein paar Tagen weitere Blätter vor seine Haustüre zu legen, wofür er sich mit weiteren Besuchen bei mir bedankte.

Seitdem verarbeite ich Kürbis- und Zucchiniblätter, immer wenn die Pflanzen ungestüm werden und viele junge, zarte Triebe entwickeln. Dabei nehme ich die Pflanze nicht mit einem Mal zurück, sondern schneide alle zwei Wochen etwas heraus. Beim Kochen verlieren die Stacheln ihre Wirkung, aber es bleibt ein wunderbares, leicht raues Gefühl im Mund und ein unnachahmlich erdig-süßer Geschmack (siehe auch Seite 124).

Was jetzt getan werden muss

Mehr aus Erdbeeren machen

Wenn nicht schon geschehen, kann man jetzt noch ein Erdbeerbeet für das kommende Jahr anlegen und Pflanzen einkaufen. In Kleingartenanlagen findet man oft Gartenfreunde, die Pflanzen abzugeben haben. Denn für bestehende Beete gilt Vorsicht: Gut eingewachsene Pflanzen überschreiten jetzt mit Ausläufern

die Beetgrenzen, wenn man sie lässt. Man sollte sie ausreißen, um das Erdbeerbeet zu begrenzen und die etablierten Pflanzen zu stärken.

Wenn Sie lieber mehr Erdbeeren haben und daher einige Ausläufer behalten möchten, können Sie diese an eine passende Stelle leiten, wo sie Wurzeln bilden dürfen. Man kann auch Töpfe mit Kompost unter die Ausläufer setzen, die Triebe mit Erde bedecken und sie so zur Wurzelbildung anregen. Sobald sie Wurzeln angesetzt haben, kann man die Ausläufertriebe abschneiden und die getopften Pflanzen woanders einsetzen oder verschenken. Erdbeeren eignen sich besonders gut für die Anzucht im Container.

»Gut eingewachsene Erdbeerpflanzen überschreiten jetzt mit Ausläufern die Beetgrenzen, wenn man sie lässt.«

Weitersäen

Am Ende dieses Monats neigt sich die Aussaat-Saison dem Ende zu. Noch kann man Winterkohlpflanzen säen, die man in die Lücken setzt, die anderes Gemüse wie Erbsen, Dicke Bohnen und Kartoffeln bis dahin hinterlassen haben. Schnell wachsendes Gemüse wie Salat und Radieschen, aber auch Möhren, Rote Beete, Mangold und sogar Erbsen können noch bis zum Ende des Monats ausgesät werden.

Mitte Juli
Den Gipfel erklimmen

Ich liebe es, jetzt in meinem Garten zu sein: Alles wächst üppig in diesem vor Leben sprühenden Gemüseparadies. Dies ist der Höhepunkt der Gartensaison. In zwei oder drei Wochen werden wir wohl den Gipfel überschritten haben und der Garten wird wieder mehr vom Niedergang bestimmt sein. Aber momentan sind wir noch im hochsommerlichen Paradies.

Der Kleingarten fordert im Juli eine endlose Kette nötiger Arbeiten, die man allerdings nicht überhandnehmen lassen sollte – ich möchte nicht, dass der Garten mein ganzes Leben beherrscht. Es ist jetzt vor allem die Zeit für gemütliche, helle Abende, garniert mit einem Schluck aus einem kühlen Glas Rosé, das im niedrigen Sonnenlicht schimmernd auf meinem Topftisch steht. Hier in London kann der Juli ein temperamentvoller Monat sein. In den letzten Jahren war er allerdings ein einziger Schlag ins Wasser. Es gibt zwar viel zu tun, aber Gärtnern im Regen macht ebenso viel Spaß wie ein Picknick im Regen. Vor allem ist die Anlage dann ein einsamer Ort. Keine Katzen, keine Gartenfreunde, die den Schauern trotzen, keine lachenden Kinder auf der Straße, selbst die Vögel halten sich bedeckt. Der schlammige Boden wird unter den Füßen zusammengepresst, was nicht gut für ihn ist, und nur Schnecken leisten einem Gesellschaft: Bei Regen ist der Garten nicht einmal einen Besuch wert.

In einem Jahr beobachtete ich zu dieser Zeit entsetzt von meinem Fenster aus, wie Gallonen von Hagelkörnern zehn ewige Minuten lang meine Stiefmütterchen und Storchschnabelblüten zerfetzten. Ich raste zum Garten, watete durch ein Eiskiesel-Meer und stellte mich dem furchtbaren Anblick. Meine geliebten Pflanzen sahen aus, als hätte jemand sie mit einem Maschinengewehr durchlöchert. Die Kürbisblätter waren voller Löcher, die Früchte pockennarbig, die Stangenbohnen zerfetzt und die jungen Tomaten von den Stielen abgetrennt. Ich war verzweifelt. Doch wenige

Zucchini und Kürbis

Dies ist eine produktive Zeit für Zucchini und andere dünnschalige Gartenkürbisse. Von drei Pflanzen ernte ich jetzt vier oder fünf Zucchini pro Tag. Je eher man Zucchini erntet, desto mehr Energie steckt die Pflanze in die Produktion weiterer Blüten und Früchte. Etwas Vorsicht ist beim Ernten geboten, denn die Pflanze hat stachelige Haare.
Zucchini sind in jungem Stadium besonders zart. Umsichtiges Zubereiten und Würzen bewahren den Geschmack.
Ich habe einen zweiseitig beschichteten Kontaktgrill, der nie ein Stück Fleisch gesehen hat und sich ausgezeichnet für Zucchini eignet. Kleine halbiert man längs, größere schneidet man in stärkere Querscheiben. Ich grille sie, mal mit etwas Öl und mal ohne, bis sie angebräunt, aber noch fruchtig und fest sind. Solange sie heiß sind, besprenkele ich sie mit etwas Weinessig, Salz und Pfeffer und esse sie warm oder kalt mit gehackter Minze.

»In den letzten Jahren war der Juli ein einziger Schlag ins Wasser. Gärtnern im Regen macht ebenso viel Spaß wie ein Picknick im Regen.«

Oben links Regen ist gut für den Garten, aber schlecht für die Gartenarbeit.
Oben rechts Eine riesige Sonnenblume biegt sich unter der Last der Blüte; ein geernteter Fenchel in der Hand.

Wochen später hatten sich die Pflanzen tatsächlich wieder erholt und standen unverwüstlich da.
Vor einigen Wochen erschienen ein paar mysteriöse Kürbisse im Kohlpflanzenbeet. Aus reiner Neugierde ließ ich sie gewähren. Mittlerweile haben sie das restliche Gepflanzte überwuchert, mit gigantischen Blättern und meterlangen Ranken, die über 30 cm täglich wachsen – sie dominieren nun das Beet. Bis jetzt tragen sie noch keine Früchte, aber allein der essbaren Blätter und des fantastischen Bildes wegen lasse ich sie stehen. Aber wie eine wilde Schar Schulkinder muss ich sie täglich disziplinieren, damit sie nicht auf die Straße hinauswachsen.

Was jetzt getan werden muss

Auf die Kräuter achten

Je stärker man Kräuter schneidet, desto mehr treiben sie nach. Jetzt stehen viele vor ihrem Blühstadium (oder haben es schon hinter sich, je nach Pflanzzeit und Wetter). Wenn man die Triebspitzen und Blüten ausknipst, ermuntert man sie zu dichterem Wuchs und bewahrt sie vor dünnen langen Trieben. Bei zarten Sommerkräutern wie Minze, Basilikum und Estragon empfiehlt sich das besonders. Das Weggeknipste sollten Sie natürlich essen! Lassen Sie einige Ihrer Dill-, Minze- und Korianderpflanzen zur Blüte kommen und Samen ansetzen (siehe Seite 84), damit Sie stets Samen haben.

Minze empfiehlt sich für Töpfe, damit sie nicht wuchern kann. Weil sie stark wächst, sollte man sie alle paar Jahre teilen und in frische Komposterde setzen. Sonst füllen bald nur noch Wurzeln den Topf.

Verholzende Winterkräuter wie Rosmarin und Thymian können während des Nachlassens der Blüte zurückgeschnitten werden, damit sie kompakt nachwachsen.

Unten Minze in Töpfen muss alle paar Jahre geteilt werden, weil sonst nur noch Wurzeln den Topf ausfüllen.

Steckrüben und Weiße Rüben säen

Es ist Zeit, jetzt einige dieser Wintergemüse auf den Weg zu bringen. Besonders Steckrüben gehören zu den missachteten Gemüsearten, aber sie haben ihren Platz auf dem Esstisch verdient, wenn sie richtig zubereitet werden (siehe Seite 197). Zwar sind diese Gemüsearten günstig zu kaufen, aber wenn die meisten Feldfrüchte zum Winter hin geerntet sind, ist es schön etwas zu haben, auf das man sich in den kalten Monaten freuen kann. Und sie schmecken direkt aus der Erde allemal besser als gekauft.

Steckrüben und Weiße Rüben gehören zur Familie der Kohlgewächse und sollten daher nicht auf Flächen gesät werden, auf denen im Vorjahr Kohlpflanzen und anderes Wurzelgemüse gestanden hat. Beide Rübenarten sind leicht zu ziehen. Sie können direkt in flache Rillen gesät und ausgedünnt werden, sobald man die kleinen Pflanzen gut fassen kann. Wie Rote Beete brauchen sie mindestens 15 cm Abstand, um voll ausreifen zu können.

Tipp

Die Triebenden der Stangenbohnen sollte man abschneiden, wenn sie die Gestelle überragt haben. Das ermuntert sie zur Bildung von Bohnen in erreichbarer Höhe.

Bei hohen Spaliertomaten sollte man die Wachstumsspitze am Hauptstamm über der vierten oder fünften Rispe entfernen, denn dann steckt die Pflanze ihre Energie vor allem in die Fruchtreifung. Sie wird dann allerdings mehr Seitentriebe bilden, die man ebenfalls ausknipsen sollte. Bei Buschtomaten ist das alles nicht notwendig.

Geschossene Salate sind zum Verzehr zu bitter. Seien Sie grausam und reißen diese Salate aus und kompostieren sie – sie stehlen dem Boden nur wertvolle Nährstoffe.

Gurken

Wie ihre Zucchini-Schwestern tauchen Gurken wie aus dem Nichts auf und schmecken jung am besten. Ausgewachsene haben zwar mehr Samen, schmecken aber immer noch köstlich.
Im Kühlschrank kann man sie wie Zucchini eine gute Woche lagern. Außerdem kann man ihr Leben leicht durch Einlegen verlängern: In dünne Scheiben schneiden, mit Salz bestreuen, in eine Seihe schichten und einige Stunden abtropfen lassen. Dann in eine Schüssel legen, etwas Zucker unterrühren und mit Reis- oder Weinessig bedecken. So werden sie mit jedem Tag delikater und man kann sie nach und nach wegnaschen.
Ich mache aus Gurken auch gerne eine erfrischende, kalte Suppe. Dazu Gurken hacken und mit Joghurt, Minze, Zitrone, Knoblauch, Salz und einer Handvoll Walnüsse pürieren.

Stangenbohnen

Stangenbohnen, Buschbohnen und andere kletternde oder niedrige Sorten erfreuen uns jetzt in jedem Stadium – besonders wenn sie jung sind und mit Hülse gegessen werden können. Bei den unzähligen Varietäten konzentriere ich mich auf die Stangenbohnen.
Am besten schmecken sie vor dem »Fadenstadium«, also wenn sie noch keine 15–20 cm lang sind. Doch das ist schwierig, denn die Bohnen-Flut setzt stets urplötzlich ein. Nach meiner Erfahrung sind die größeren Sorten grundsätzlich fadenreicher.
Das junge Stadium haben sie hinter sich, sobald sich die Bohnen erbsengroß an der Schale abbilden. Sie sind noch gut essbar, aber man muss die Fäden von den Hülsen entfernen, am besten mit einem Schälmesser. Junge Stangenbohnen mitsamt Hülse schmecken am besten geschnitten und gedünstet oder nur blanchiert, um die Farbe zu erhalten, und eingefroren.

Ende Juli

Ulrika

Als man uns 2005 einen Kleingarten zuteilte, konnten wir unser Glück kaum fassen. Nach einer Wartezeit von dreieinhalb Jahren erhielten wir in einem Brief die Mitteilung, dass unsere Nummer gezogen sei, verbunden mit der Frage, ob wir den Garten noch haben wollten. Nach unserem klaren »JA« traf ich mich mit einem Herrn aus der Verwaltung, der mir die Anlage zum ersten Mal aufschloss. Er schaute auf seinen Plan und zeigte mir darauf die Lage und Größe der Parzelle Nr. 5.

Die Größe der Parzelle überraschte mich. Nr. 5 war eine von zwei vernachlässigten der insgesamt acht Parzellen und sie war von allen die größte. Ich ließ mir die Zusage mehrmals von dem Mann bestätigen und die Grenzen zeigen – die ganze Strecke von der Laube bis zum Container. Ja, diese etwa 150 m^2 große rechteckige Wildnis aus Brennnesseln und Brombeeren wollte nun von uns kultiviert werden.

Ulrika von Parzelle Nr. 8 war einige Jahre eher als ich in die Anlage gekommen. Erfreut stellte ich fest, dass eine Frau meines Alters oder jünger einen Kleingarten bewirtschaftete und dass dies keine Domäne ausschließlich älterer Herren mehr war. Ihretwegen fühlte ich mich anfangs ein wenig schuldig, denn ihre Parzelle ist ein langer, schmaler Streifen, umstanden von Bäumen, die dem Garten Nährstoffe und Licht entziehen. Dennoch zieht sie eine umwerfende Ansammlung von Nutz- und Zierpflanzen sowie Kräuter wie Zitronenverbene und Süßholz, wilden Salat wie Mizuna und Dutzende Pflanzen aus ihrer Heimat Schweden, für die wir hier gar keinen Namen kennen. Unter suboptimalen Bedingungen hat sie ihr kleines, feines Paradies im Norden Londons geschaffen, das Ende Juli am üppigsten ist.

Gegenüber Ende Juli ist der Kleingarten ein grünes Paradies.

Sommerbeeren

Die meisten Stachelbeeren sind geerntet, jetzt sind Himbeeren und Johannisbeeren pflückreif, Brombeeren verfärben sich. All diese Beeren eignen sich für Kuchen, Torten oder Sommerdesserts.
Schwarze Johannisbeeren haben ein markantes Aroma und man erntet sie am besten mit einer Schere. Das ist zwar aufwendig, aber dafür muss man sie nicht entkernen und kann sie direkt in den Topf werfen. Ich mache gewöhnlich ein Kompott, passiere die Früchte, stelle die Masse kalt und friere sie ein – tafelfertiges Sorbet! Oder man rührt sie in Joghurt und Getränke.
Rote und weiße Johannisbeeren geben eine wirkungsvolle Garnierung für Desserts ab, schmecken aber recht sauer und bieten sich daher für Marmelade an. Wenn man gerade keine Verwendung hat, sollte man sie am besten in Portionsbeuteln einfrieren. Das gilt auch für Brombeeren. Himbeeren schmecken direkt vom Strauch immer noch am besten.

Was jetzt getan werden muss

Abgeerntete Dicke Bohnen abschneiden

Dicke Bohnen lassen jetzt stark nach, wenn sie nicht schon komplett aufgegeben haben. Wie alle Leguminosen binden sie mit ihren Wurzeln Stickstoff im Boden, so dass man sie nicht ausreißen, sondern an der Basis abschneiden und die Wurzeln im Boden lassen sollte. Die oberirdischen Teile können auf den Kompost.

Bald – oder vielleicht schon jetzt – kann man an dieser Stelle Setzlinge von Winterkohlarten pflanzen, die im Juni gesät wurden. (Es ist noch nicht zu spät, dies in Töpfen nachzuholen.) Kohlgewächse wachsen langsam, brauchen viele Nährstoffe und werden gut gedeihen in diesem Boden, der von den Bohnen aufgewertet wurde. Schreiben Sie sich auf (ich habe dafür einen Kalender in meinem Schuppen), was Sie wo und wann angebaut haben, um nicht eine Gemüseart zwei Jahre hintereinander an dieselbe Stelle zu pflanzen. Wenn man an einer Stelle Kohl gesetzt hat, sollte man dort im nächsten Jahr Wurzelgemüse, Tomaten oder andere Pflanzen anbauen, auf keinen Fall Blattgemüse oder Kohlpflanzen.

Krankheiten vermeiden

Trockenheit und extreme Hitze schwächen die Pflanzen und machen sie empfänglich für Krankheiten und Schädlinge. Am besten, Sie bewaffnen sich mit einem entsprechenden Handbuch, das Ihnen bei der Diagnose von ungewöhnlichen Entwicklungen an Pflanzen und bei der frühzeitigen Lösung von Problemen hilft, bevor die ganze Ernte zerstört ist.

Fäule an Kartoffeln und Tomaten erscheint im Hoch- oder Spätsommer, besonders in feuchten Jahren. Als erstes zeigen sich braune Flecken an den Blatträndern. Wenn die Krankheit sich einmal etabliert hat, ist es unmöglich, sie auszurotten – sie wird über viele Jahre auftreten. Entdeckt man die Fäule auf dem Kartoffellaub (sehen Sie in Ihrem Handbuch nach oder fragen Sie Ihre Gartennachbarn), sollte man das befallene Laub abschneiden und vernichten – nicht kompostieren. Die Kartoffeln sollten noch zwei

Wochen im Boden bleiben, bevor man sie ausgräbt. Wenn die Kartoffeln seltsam aussehen oder schmecken, war es wohl schon zu spät.

Zeigt sich die Braunfäule auf den Tomaten, gibt es keine Hoffnung mehr für sie. Eine Präventivmaßnahme liegt im Wässern der Pflanzen ausschließlich an der Basis, ohne dass die Blätter benetzt werden. Ich will nicht allzu negativ klingen, aber ich habe schon einmal in einem trostlosen Sommer eine ganze Ernte an diese Krankheit verloren. Wenn dies auch Ihnen geschieht, die grünen Tomaten aber noch nicht befallen sind, können sie auf der Fensterbank nachreifen oder gekocht und verzehrt werden. So ist nicht alles verloren.

»Dicke Bohnen binden mit ihren Wurzeln Stickstoff im Boden, so dass man sie nicht ausreißen, sondern an der Basis abschneiden und die Wurzeln im Boden lassen sollte.«

Tipp

Tomaten und Auberginen düngen.

Oben Dicke Bohnen gehen jetzt ihrem Ende entgegen.

Warmer Zucchinisalat mit Parmesankruste

Die Zucchinischeiben braten im Fett des Parmesans, der in der Pfanne zur sündhaft knusprigen Kruste wird. Serviert wird alles auf einem Bett aus Salatblättern und Walnüssen. Mit neuen Kartoffeln ergibt es ein Hauptgericht für zwei Personen, als Beilage reicht es für vier Personen.

- 350 g Zucchini (2 mittelgroße), in 0,5–1 cm starke Scheiben geschnitten
- 1,5 EL Balsamico-Essig
- Gemischte Salatblätter
- 50 g Walnüsse in kleinen Stücken
- 75 g Parmesan, fein gerieben
- 2 EL Olivenöl
- 1 Messerspitze Salz
- Frisch gemahlener schwarzer Pfeffer

Eine große beschichtete Pfanne bei mittlerer Hitze erwärmen. Die Zucchinischeiben in einer Schüssel mit Balsamico beträufeln und wenden.

Teller mit Salatblättern und Walnüssen vorbereiten.

Die Zucchini in der heißen, trockenen Pfanne platzieren (den restlichen Essig in der Schüssel aufbewahren). Etwas Platz zwischen den Zucchinischeiben lassen, gegebenenfalls die Pfanne zweimal mit Zucchini belegen. Die Hälfte des Parmesans über die Zucchinischeiben und den Pfannenboden streuen. Nicht rühren, damit sich eine zarte Parmesanhaut auf dem Pfannenboden bildet. Aufpassen, wenn der Käse schmilzt und sein Fett abgibt. Wenn er sich goldbraun färbt und knusprig wird, die Zucchinischeiben wenden, dabei den Käse vorsichtig vom Pfannenboden lösen. Wenn der Käse am Pfannenwender klebt, diesen mit einem Messer abkratzen und zurück in die Pfanne geben. Den restlichen Parmesan über die Zucchini streuen und knusprig werden lassen, ohne dass etwas anbrennt. Noch einmal wenden und dann die Pfanne von der Platte nehmen.

Das Olivenöl und etwas Salz zu dem Rest Essig in die Schüssel geben. Die Zucchini auf den Tellern verteilen, mit dem Dressing beträufeln und reichlich Pfeffer darüberstreuen.
Ergibt 2 Portionen als Hauptgericht oder 4 Portionen als Beilage

Tipp Man kann auch eine übergroße Zucchini verwenden. Dann die harte Rinde abschälen, die Zucchini längs halbieren, die Kerne herausschaben und 0,5–1 cm dicke Halbmonde schneiden. Baby-Zucchini gehen auch, diese dann wie im Bild oben links längs halbieren.

Bohnen mit Sojasoße, Ei + Cashewkernen

Auf ihrem Höhepunkt produzieren Stangenbohnen häufig einen Überschuss. Diesen kann man für ein delikates Abendessen nutzen. Man sollte junge Hülsen ohne von außen sichtbare Bohnen verwenden, andernfalls muss man die Fäden entfernen. Die Eier werden nach diesem Rezept weichgekocht serviert, so dass die Dotter fast zerlaufen.

- 2 Eier
- 6 mittelgroße Knoblauchzehen
- 1 cm großes Stück Ingwer, geschält und fein gerieben
- 1 Prise Meersalz
- 2 Frühlingszwiebeln, grob gehackt
- 1 rote Chilischote, grob gehackt

- 2 EL Sonnenblumenöl und etwas mehr
- 50 g rohe Cashewkerne
- 500 g Stangenbohnen, in schmale Stücke geschnitten
- 1 EL dunkle Sojasoße
- 1 EL Reis- oder Apfelessig
- 1 EL brauner Zucker
- Gekochter Reis oder Eiernudeln als Beilage

Eier in kaltes Wasser legen und zum Kochen bringen. Nach fünf Minuten herausnehmen, abschrecken und in kaltes Wasser legen, bis sie kalt sind, dann pellen. Knoblauch und Ingwer im Mörser mit einer Prise grobem Meersalz zu einer Paste zerstampfen. Frühlingszwiebeln und Chili dazugeben und weiter stampfen. Beiseitestellen. (Man kann den Knoblauch auch separat pressen und in die Paste mischen.) Einen Wok erhitzen und 2 Esslöffel Öl hineingeben. Darin Cashewkerne goldbraun rösten. Mit einem Schaumlöffel herausnehmen und auf Küchenpapier abtropfen lassen.

Stangenbohnen in das Öl geben und 13–15 Minuten scharf braten, bis sie weich und hier und da braun angebraten sind. Noch etwas Öl und dann die Knoblauchpaste hinzufügen. Erhitzen, bis die Masse duftet, dann Sojasoße, Essig und Zucker einrühren. Umrühren, bis sich alles verbunden hat. Die gepellten Eier dazugeben, sanft rühren, bis sie von der Soße eingehüllt sind. Den Wok vom Herd nehmen.

Die Bohnen mit einem Ei pro Person auf einem Reisbett servieren und mit Cashewkernen bestreuen.
Ergibt 2 Portionen

Bohnen-Knoblauch-Püree

Eine Art edles Hummus aus Dicken Bohnen. Auch ausgewachsene, dickschalige Bohnen können verwendet werden – durch deren Schalen wird die Masse nicht ganz homogen und bekommt eine interessante Konsistenz. Mit frischer, knackiger Rohkost servieren.

- 1 große oder 2 kleine Knoblauchknollen
- 300 g Dicke Bohnen (ohne Hülse gewogen, auch tiefgefrorene Bohnen möglich)
- 4 EL Olivenöl und etwas zum Beträufeln
- Fein geriebene Schale einer Zitrone
- 2 EL frischer Zitronensaft
- 16 Basilikumblättchen
- Große Prise Meersalz
- Frisch gemahlener schwarzer Pfeffer

Backofen auf 180 °C vorheizen. Die Knoblauchknolle quer halbieren, in etwas Öl wenden und in einen Bräter mit der Schnittstelle nach oben setzen. Je nach Größe 20–40 Minuten von allen Seiten goldbraun rösten. Im Topf abkühlen lassen, bis man sie anfassen kann. Dann die gerösteten Knoblauchzehen aus den papiernen Häuten in eine kleine Schüssel drücken.

Die Dicken Bohnen 3–5 Minuten dünsten, bis sie zart sind. Heiß in eine Küchenmaschine geben. Den gerösteten Knoblauch, 8 Esslöffel kochendes Wasser und die anderen Zutaten dazugeben und einige Minuten auf höchster Stufe zu einer geschmeidigen Masse zerkleinern. Abschmecken und gegebenenfalls mit Salz und Zitronensaft verfeinern. Etwas von der Kochflüssigkeit hinzugeben, wenn die Masse zu steif ist.

Das Püree in einer Schüssel mit Olivenöl beträufeln und mit schwarzem Pfeffer bestreuen. Mit knackig-frischer Rohkost servieren. Schmeckt auch kalt und kann zugedeckt drei Tage lang im Kühlschrank aufbewahrt werden.
Ergibt 4–6 Portionen

Tipp Nur die äußere Schale der Knoblauchknolle abschälen, damit sie intakt bleibt. Die Spitze glatt abschneiden und eventuell noch vorhandene Erde abspülen.

Zucchini-Snack

Geschrumpfte Zucchini – so kann man gut Überschuss und übergroße Zucchini verwerten.

Backofen auf 150 °C vorheizen. Wenn die Zucchini große Samen haben, diese entfernen. In dünne Stücke schneiden – eckig oder rund – in eine Schüssel geben, per Hand mit etwas Salz und Öl vermengen. Auf Backpapier legen und zirka 45 Minuten backen, bis die Stücke goldbraun, geschrumpft und trocken, aber noch biegsam sind. Als Snack essen oder unter Salate mischen.

Zucchinisuppe

Eine exquisite Suppe!

Den Boden eines Kochtopfs mit groben Zucchinistücken und mehreren Knoblauchzehen bedecken. In Olivenöl, edlem Essig und Speisewürze wenden. Bei 200 °C backen, bis die Stücke gebräunt und geschrumpft sind. In einem Stieltopf knapp mit kochendem Wasser bedecken, nicht zu fein pürieren und gegebenenfalls nachwürzen. Heiß oder kalt servieren.

AUGUST	DRINNEN / UNTER GLAS	DRAUSSEN IN GARTENERD
Artischocken		
Auberginen		
Blumen		
Blumenkohl		
Brokkoli (Sommerbrokkoli)		
Dicke Bohnen		
Erbsen		
Erbsentriebe		
Erdbeeren		
Fenchel		
Frühlingszwiebeln	★	★
Grünkohl		
Gurken		
Kartoffeln		
Kirschen		
Kohl (Frühling)	★	★
Kohl (Sommer)		
Mangold		
Möhren		
Orientalisches Gemüse	★	★
Paprika und Chili		
Pflaumen		
Radieschen	★	★
Rote Beete		
Rüben, Weiße		★
Rucola	★	★
Salat/Salatblätter	★	★
Sommerbeeren		
Sommerkräuter		
Spinat	★	★
Stangen- und andere Bohnen		
Tomaten		
Winterkräuter	★	★
Zucchini		
Zuckermais		
Zwiebeln/Schalotten		

FÜR GEFÄSSE GEEIGNET	JETZT ERNTEN	REZEPTE UND WEITERE INFOS
	★	Die perfekte Artischocke, 94; siehe 80, 93
★	★	Geräucherter Auberginensalat, 167; siehe 124, 155
★	★	Siehe 116
★	★	Blumenkohlsuppe mit Kokosmilch, 182; s. 172, 183
★	★	Siehe 98
★	★	Bohnen-Tabouleh, 92; siehe 68, 75, 113
★	★	Eiertörtchen mit Erbsen + Feta, 72; siehe 67
★	★	Siehe 67
★	★	Siehe 83
★	★	Siehe 140
★	★	Grüne Suppe, 57; siehe 61, 72, 92, 112, 131
★	★	Safran-Reis-Brühe mit Wintergemüse, 38; siehe 42
★	★	Rauchige Gazpacho, 128; siehe 105, 167
★	★	Kartoffelkuchen mit Parmesan, 93; siehe 57, 91
★	★	Siehe 89
★	★	Salat aus Steckrüben + Rotkohl, 200
★	★	Linsen-Kohl-Päckchen, 203; siehe 123
★	★	Kuku mit Ampfer + Mangold, 36; siehe 32, 39, 57
★	★	Siehe 167, 179
★		Siehe 181
★	★	Siehe 112, 131, 143, 144
★	★	Siehe 137
★	★	Siehe 64
★	★	Siehe 138
★	★	Siehe 180
★	★	Grüne Suppe, 57; siehe 46
★	★	Dicke Bohnen mit Salat, 75; siehe 57, 63
★	★	Siehe 108
★	★	Kartoffelkuchen mit Parmesan, 93; siehe 28, 84
★	★	Siehe 32
★	★	Bohnen mit Sojasoße, 112; siehe 106, 127, 131
★	★	Gebackene Tomaten, 131; siehe 120
★	★	Siehe 150, 169, 198
★	★	Zucchini-Snack, 113; siehe 102, 128, 148
★	★	Mais-Avocado-Suppe, 131; siehe 119
★	★	Siehe 36, 39, 75, 161

Kapuzinerkresse

Die schöne Kapuzinerkresse treibt jetzt wochenlang eifrig orangerote und gelbe Blüten. Sie bleibt stets frei von Schädlingen, lockt aber Bestäubungsinsekten an und verleiht der grünen Kleingartenlandschaft warme Farbtupfer. Man muss sie gelegentlich etwas zurückschneiden, weil sie zu dieser Jahreszeit sehr üppig treibt.
Natürlich kann man abgeschnittene Blätter, Stiele und Blüten auch kompostieren, aber sie verleihen Salaten eine delikate, der Brunnenkresse ähnliche pfeffrig-scharfe Note – sie kann Augen tränen lassen! Man sollte junge Blätter verwenden, denn die älteren können recht zäh sein. Von den Blüten sollte man den trichterförmigen Schwanz abknipsen und Wasser durch die Blüte rinnen lassen, um versteckte Insekten auszuspülen.

Anfang August

Leben ... wie ich es gesät habe

Ich gebe zu, dass ich mich zu dieser Zeit des Jahres von dem vielen Gemüse etwas überfordert fühle. Monate habe ich in die Aufzucht gesteckt und jetzt stehen überall die reifen Erfolge. Jeden Abend trage ich Taschen voller Bohnen, Zucchini, Frühlingszwiebeln, Brokkoli, Salat, Rucola und Kartoffeln nach Hause. Wenn endlich alles sortiert, geschrubbt, von Käfern und Schnecken befreit, gehackt, gekocht, gewürzt oder gefrierfertig ist, habe ich schon keinen Appetit mehr. Eigenes Gemüse anzubauen und zu essen ist wunderbar, aber von der Mühe es tafelfertig vorzubereiten spricht kaum jemand. Ich liebe das Kochen und Essen und habe in meiner Küche zweifellos das Ruder in der Hand. Doch obwohl Dan eine große Hilfe ist, fühle ich mich manchmal wie eine Einhandseglerin auf einem Boot, das mit schwerer Gemüselast einsam auf dem Ozean treibt.

Es ist interessant, wie Dan und ich automatisch unsere Rollen in Garten und Küche übernehmen. So fühlt sich Dan für das Wässern und die Schädlingsbekämpfung zuständig, sammelt altes Material und bastelt daraus ideenreiche Konstruktionen für unseren Garten. Ich bin die Frau für das Säen, Auspflanzen, Ernten, Zubereiten und Kochen. Dans größter Triumph ist die Laube, die er so gemütlich gemacht hat, dass sie wie ein zweites Zuhause für uns ist. Wir können dort auf Campingstühlen auf das Ende des Regens warten, haben einen Schreibtisch, Leuchten und eine kleine Musikanlage. Einen Mini-Kühlschrank hat Dan mit einer Autobatterie zum Laufen bekommen, die er an der Straße gefunden hat. Meist sind wir noch lange nach Einbruch der Dunkelheit dort – laut unserem Vertrag dürfen wir bis 22 Uhr bleiben.

Eine weitere Regel verbietet uns den Verkauf unserer Ernte. Das finde ich in Ordnung, obwohl ich mit meiner momentanen Gemüseschwemme ein Riesengeschäft machen könnte. So geben wir Obst und Gemüse an den Pfarrer von gegenüber und seine Frau,

Links Zweige braucht man immer, um Netze zu stützen oder Pflanzen anzubinden. **Oben** Plastiktüten heben wir auf, um darin Gemüse und Kräuter nach Hause sowie den Kompost von dort in den Kleingarten zu transportieren.

an Freunde und neugierige Passanten. Zu Einladungen bringen wir Gemüse mit statt der üblichen Flasche Wein. Auch meine Gartennachbarin Ulrika bekommt immer etwas von unserem Überschuss ab, denn sie kann in ihrer schattigen Ecke nicht alles ziehen. Sie revanchiert sich mit ihrem eigenen Kräutertee, Beeren und Blumen.

Ein Gemüse behalte ich allerdings ganz egoistisch immer für mich selbst, und zwar den Zuckermais. Jede Pflanze setzt nur einen oder zwei Kolben an – in dieser Woche müssten die ersten beiden soweit sein. Nur wenige Minuten braucht es, bis wir die zuckersüßen Perlen verschlungen haben. Monatelange Pflege vergeht in einem einzigen knackig-frischen Augenblick.

»Dans größter Triumph ist die Laube, die wie ein zweites Zuhause für uns ist.«

Was jetzt getan werden muss

Kohl nach Schädlingen untersuchen

Kohlpflanzen sind zwar groß und üppig, aber auch anfällig für Schädlinge. Zu dieser Zeit findet man vielfach Raupen oder kleine weiße Falter an den Unterseiten der Blätter in Stammnähe. Man kann sie mit einem harten Wasserstrahl abspritzen oder die Blätter mit einer seifigen Lösung besprühen und die Schädlinge dann vernichten. Unter Umständen wird man auch zu chemischen Mitteln greifen müssen. Weiterhin sollte man auf einen weißen Pilz achten, der die Blätter zerstört. Die befallenen Blätter müssen abgeschnitten und in den Restmüll verfrachtet werden. Wie bereits erwähnt, lohnt sich ein Ratgeber zur Schädlings- und Krankheitsbekämpfung, um dem Übel möglichst frühzeitig begegnen zu können. Aber lassen Sie sich nicht verrückt machen – auch Schädlinge gehören zum Experiment der Selbstversorgung.

Den Kompost umsetzen

Zu dieser Zeit ist schon viel Pflanzenmaterial auf den Komposthaufen gewandert. Hohe Temperaturen fördern die Zersetzung und dieser Prozess lässt sich durch das Umsetzen des Haufens unterstützen. Eigentlich sollte man dies sowieso alle sechs bis acht Wochen machen, aber jetzt ist eine besonders günstige Zeit für diese Arbeit.

Das Umschichten mit einer Mist- oder Grabegabel bietet sich bei einem offenen Komposthaufen an. Handelsübliche Kompostbehälter lassen sich einfach nach oben abziehen und können dann etwas versetzt und mit dem freigelegten Material wieder gefüllt werden. Unten könnte der Kompost schon fertig sein. Wenn die Erde angenehm riecht und krümelig ist, sollte man sie um die Pflanzen streuen und die Würmer ihrer Arbeit nachgehen lassen.

Man kann die Struktur des Komposts verbessern, indem man beim Wiedereinfüllen Schichten mit feinerem Material wie etwa Grasschnitt einzieht. Allerdings sollten diese Schichten gut verteilt und nicht zu mächtig sein.

Zuckermais

In Frankreich halten viele Mais ausschließlich für Viehfutter. Sie wissen nicht, was sie verpassen. Zu den Höhepunkten des Sommers gehört für mich, reifen Mais zehn Minuten nach der Ernte auf dem Teller zu haben. Es ist nicht leicht, die Reife zu ermitteln. Zunächst müssen der Haarschopf schokoladenbraun und die Haare seidig weich und nicht spröde sein. Dann schafft das Einritzen mit dem Fingernagel Klarheit: tritt eine wässrige Lösung aus dem Korn, ist der Kolben unreif. Ist sie dickflüssig und klebrig, ist man zu spät. Der Saft muss milchig und süß sein.

Man sollte den Kolben möglichst nur dann ernten, wenn man ihn gleich kochen kann. Drei Minuten in ungesalzenem Wasser genügen, dann schnell abkühlen lassen und mit einem Klecks Butter, etwas Salz und schwarzem Pfeffer verschlingen.

Mitte August
Ernte oder Urlaub

Ohne Sommerferien ist der Sommer kein richtigen Sommer. Auch wenn ich sonst gerne meinem Gemüse jederzeit zur Verfügung stehe, brauche ich während der warmen Monate eine Auszeit von der Stadt. So beladen wir unser Campingmobil (natürlich auch mit eigenem Gemüse) für unseren jährlichen Ausflug nach Nord-Wales. Dort lässt es sich wunderbar wandern, ausruhen und wieder zu Kräften kommen. Wenn wir dann über die Autobahn zurückfahren, lässt der aufgehende Vollmond Erinnerungen an die walisische Bergwelt und erholsame Stunden an weitläufigen Sandstränden verblassen – an ihre Stelle tritt die Ungeduld und Ungewissheit, wie es wohl in unserem Kleingarten aussehen wird. Eine Woche lang vernachlässigt auf dem Höhepunkt der Erntezeit – wird nun alles verkommen sein oder werden Unkraut und Gemüse lediglich ein wenig gewachsen sein?

Zu Hause angekommen, gehen wir zuerst in den Garten, noch bevor wir den Anrufbeantworter abhören, die Post oder E-Mails ansehen. Wir gehen es pessimistisch an, um nicht enttäuscht zu werden. In einem Jahr mussten wir die komplette Zerstörung unserer Tomaten durch Braunfäule hinnehmen, aber in diesem Jahr haben wir so gut es ging vorgesorgt. Wie erwartet, haben wir nun mehr als genug Bohnen und einige Zucchini sind zu ulkigen Monstern herangewachsen zwischen einem Wald aus Unkraut. Aber ein Desaster hat sich nicht ereignet, ich kann zufrieden sein.

Es ist eindeutig – der Höhepunkt des Sommers ist vorüber. Die Tage werden kürzer, grüne Farbtöne machen gelben Platz und einige Pflanzen sehen müde aus. Dennoch stehen der Küche noch die besten Zeiten bevor, denn die Sonne liebenden Pflanzen, die ich in den kalten Märztagen ausgesät habe, liefern jetzt reiche Ernte. Es ist Tomatenzeit!

Gegenüber Bei der Ernte reifer Tomaten

Tomaten

Tomaten können überaus ertragreich sein und zu riesigen Pflanzen werden. Dank der unzähligen Verarbeitungsmethoden neben dem Rohverzehr und der Soßenbereitung gehören sie zu meinen besten Freunden in der Küche. Wenn nötig, halten sie auch im Haus eine ganze Weile und bei richtiger Lagerung kann sich durch Nachreifen das Aroma sogar intensivieren.
Die ersten Früchte lassen sich am besten in Scheiben geschnitten, mit etwas Salz, Basilikum, Minze oder Oregano, Olivenöl und Balsamico genießen. Tomaten passen wunderbar zu Nudeln, gehen aber auch mit Brot und Olivenöl eine schmackhafte Verbindung ein. Zur mediterranen Variation gehört die spanische Gazpacho, ein kaltes Püree aus Tomaten, Brot, Olivenöl, Knoblauch und Essig. Aus Andalusien stammt »pa amb tomáquet« – geröstetes Brot mit Knoblauch, gehackter Tomate, Salz und Olivenöl. Und in Italien gibt es Panzanella, einen Brotsalat mit Tomaten.

Was jetzt getan werden muss

Zwiebeln ziehen

Zwiebeln und Schalotten kann man während des ganzen Sommers je nach Bedarf ernten. Zu dieser Zeit knicken viele Pflanzen ab, das Grün wird braun. Auch wenn noch keine Eile geboten ist, sollte man sie jetzt ausziehen, zum Trocknen aufhängen und damit einen Vorrat für die nächsten Monate anlegen. Dazu sollte man einen trockenen Tag auswählen und am besten einen, dem noch weitere trockene Tage folgen sollen. Mit einer Grabegabel hebt man die Zwiebel aus der Erde und lässt sie je nach Wetterlage zwei oder mehr Tage auf der Erdoberfläche trocknen.

Auf offenen Regalen und Gestellen können sie weiter trocknen, auch in Gewächshäusern, die allerdings gut durchlüftet sein müssen. Auch in stapelbare Kunststoffkisten vom Gemüsegroßhändler, der darin vielleicht Pilze gelagert hat, kann man die Zwiebeln legen und an einen kühlen, trockenen Platz stellen. Schließlich lassen sie sich auch in Bündeln zusammenbinden und an einem kühlen, trockenen Ort aufhängen.

Urlaub machen!

Nach all den Investitionen für eine reiche Ernte fällt es natürlich schwer, das Gemüse sich selbst zu überlassen. Aber man sollte auch mal verreisen, und der Sommer ist die ideale Zeit dafür. Im August sinkt die Arbeitsbelastung im Garten zudem merklich, abgesehen vom Ernten und Wässern natürlich.

Wenn Sie eine Reise planen, bitten Sie einen Nachbarn oder Freund, bei Bedarf zu gießen und das zu ernten, was er gerade brauchen kann (und überraschen Sie ihn bei Ihrer Rückkehr mit einem schönen Mitbringsel). Wir stellen einen rotierenden Regner in die Mitte unseres Gartens und bitten Ulrika, ihn bei Trockenheit anzustellen, wenn sie in ihrem Garten ist. Das ist zwar nicht ideal, weil Pflanzen wie Tomaten besser direkt an den Wurzeln gegossen werden sollten, um Krankheiten zu vermeiden. Aber so versorgt Ulrika unseren Garten mit einem kleinen Regenschauer, was besser ist als nichts. Man kann auch eine automatisch arbeitende Beregnungsanlage anschaffen, besonders wirkungsvoll in Verbindung mit perforierten Schläuchen.

Töpfe trocknen besonders schnell aus. So macht es sich bezahlt, sie in Schalen mit Wasser zu setzen, bevor man aufbricht. Oder man funktioniert leere 2-Liter-Plastikflaschen zu Bewässerungsanlagen um. Dazu schneidet man den Boden ab, sticht Löcher in die Verschlusskappe, setzt sie mit dieser Seite in die Erde und füllt von oben Wasser ein, das so nur langsam ins Erdreich sickert. (Weitere Informationen zum Wässern siehe Seite 16.)

Man sollte vor der Reise so viel wie möglich ernten und verarbeiten, besonders für die Kühltruhe. Die Aussicht auf einen Urlaub beflügelt mich stets bei der Verarbeitung von Gemüse. Unreife Tomaten kann man zum Reifen auf die Fensterbank legen, während die Pflanze bei Ihrer Rückkehr neue Früchte angesetzt haben wird.

Tipp

Salatzwiebeln für frisches Grün im Winter säen – direkt in die Erde oder in einen Behälter.

Legen Sie ein Erdbeerbeet für die Ernte im nächsten Juni an. Falls man Erdbeeren in Behältern ziehen möchte, sollte man mit dem Pflanzenkauf bis zum Frühjahr warten.

Weiter Mangold und Rucola für die Herbst- und Winterernte ins Freiland oder in einen Behälter säen.

Die Ernte von Rhabarber beenden, damit sich die Pflanze bis zum nächsten Jahr erholen kann.

Gegenüber Zwiebeln können zum sofortigen Gebrauch geerntet, aber auch auf die Beetoberfläche gelegt werden, um vor der Lagerung zu trocknen.

Früher Weißkohl

Kohl gilt generell als Wintergemüse, aber es gibt auch Sommersorten. Sommerkohl wird zur gleichen Zeit wie Winterkohl ausgesät, ist aber früher erntereif. Durch die kürzere Entwicklungszeit ist er nicht so schädlingsanfällig, hat einen zarteren Biss und ein weniger strenges Aroma. Er musste nun mal keine kalten Winterwochen durchstehen. Sommerkohl kann gedünstet, gebraten oder als Salat verarbeitet werden. Dazu sollte man ihn fein schneiden, mit Salz bestreuen und zum Abtropfen im Salatsieb lassen. Danach mit etwas gutem Essig und Zucker sowie hauchdünn geschnittenen Zwiebelscheiben mischen. Diesen Grundstock kann man dann mit Tomaten, Oliven, Paprika und angerösteten Gewürzen wie Kumin oder Sesam ergänzen. Zuletzt mit etwas Olivenöl besprenkeln.

Kürbisblätter und -blüten

Kürbisblätter sind nun dunkel und ledrig, aber die Pflanze schießt immer noch neue Triebe. Von Juli an kann man Blätter ernten, wobei früh in der Saison auch größere Blätter schmecken. Jetzt im späten August muss man sich auf die jungen beschränken (siehe Seite 98).
Die Blätter waschen und klein schneiden, Knoblauch 1–2 Minuten in Öl andünsten, die Blätter und etwas Salz dazugeben (nur wenig salzen, denn die Blätter fallen enorm zusammen). Einige Minuten umrühren, abdecken und im eigenen Saft dünsten, gelegentlich umrühren. Je nach Größe sind die Blätter nach 15–20 Minuten zart. Heiß servieren als Beilage oder als Vorspeise.
Der Blühhöhepunkt ist vorüber, aber die eine oder andere Blüte erscheint noch. Man sollte die pelzigen Staubblätter entfernen und unter Wasser mögliche Insekten ausspülen. Danach mit einer Mozzarella- oder Ricotta-Knoblauch-Mischung füllen, in gewürztem Mehl wälzen und mit frischen Salbeiblättern in Butter braten.

Ende August
Grillzeit

Zu jeder Gelegenheit schaffen wir unseren Grill in den Kleingarten und grillen dort. Wir haben auch eine Kiste mit Gewürzen und Zutaten dabei. Fast allem, was hier wächst, geben die heißen Kohlen eine neue Geschmacksnote – junge Rote Beete, frische Knoblauchzwiebeln, dicke Frühlingszwiebeln, junger Lauch, grüne Chili- und Paprikaschoten, Fenchel, Zucchini, Zuckermais, sogar dünne Scheiben von bereits abgefallenen Äpfeln schmecken gegrillt und mit etwas Zucker bestreut ausgezeichnet. Scharf gegrillter Salat – eine feste Sorte wie Romana – mag sich verrückt anhören, aber ich versichere Ihnen, dass er mit etwas Öl, Balsamico und geriebenem Parmesan ein echtes Erlebnis ist. Hin und wieder lege ich Kartoffeln mit Kräutern in Alufolie gleich in die Kohlen. Etwas früher im Sommer sind gegrillte Dicke Bohnen, in den eigenen Schoten belassen, geradezu perfekt.

In diesem Jahr werde ich erstmals Auberginen grillen – sie sind ein praktisches Gemüse für ein Grillfest, entweder als Ganzes direkt auf den Kohlen oder geschnitten auf dem Grillrost. Ja, ich habe es tatsächlich geschafft – nach drei erfolglosen Jahren trägt eine gestreifte Graffiti-Aubergine, was unserem selbst gebastelten Gewächshaus zu verdanken ist. Vorher hatten wir die Pflanzen immer an einen geschützten, sonnigen Platz gesetzt, wo sie stets blühten, aber nie Früchte ansetzten. Für mich als enthusiastische Auberginen-Liebhaberin ist das ein wahrer Meilenstein. Über die Jahre habe ich mich zur Auberginen-Botschafterin entwickelt und preise die Vielseitigkeit und einzigartigen Merkmale dieses unterschätzten Gemüses sogar in Fernsehsendungen an. Von einem winzigen Samen meine eigene Auberginenernte erzielt zu haben – das ist schon eine kleine Feier wert.

Ich müsste jetzt eigentlich noch probieren, wie sich eine Artischocke auf dem Grill macht, aber es ist

Gegenüber Diese Artischockenblüte kann nicht mehr verzehrt werden. Aber allein wegen ihres Anblicks sollte man einige Knospen aufblühen lassen.

Links Sonnenblumen sind umwerfende Pflanzen und locken Hummeln sowie andere bestäubende Insekten an.
Oben Ein gemächlich reifender Kürbis

schon zu spät – an der über zwei Meter hohen Pflanze haben sich sämtliche Knospen in große lila Distelblüten verwandelt. Bienen sind ganz verrückt nach ihnen, sie können ihr Glück kaum fassen und verbringen Ewigkeiten in den zotteligen Staubblättern. Vor ein paar Tagen fragten mich zwei türkische Damen, warum ich die Artischocken habe zur Blüte kommen lassen, anstatt sie zu essen. Ich erklärte ihnen, dass ich im Frühsommer fast jeden Tag Artischocken hatte und ich einigen Exemplaren dieser höchst dekorativen Pflanze nun noch ihren Höhepunkt lassen will. Sie empfahlen mir dennoch, Artischockenböden in Olivenöl zu braten und in Omelettes zu verarbeiten. Empfehlung notiert.

Was jetzt getan werden muss

Die letzten Aussaaten

Nach dem Beginn der Aussaatperiode Anfang März neigt sich jetzt die Zeit des Säens dem Ende zu. Mit Wurzelgemüse, Kohl und Lauch sollten Sie über den Winter kommen, aber jetzt ist die letzte Chance, noch fehlendes Gemüse zu säen. Verschiedene Exoten kann man zumindest in milden Regionen jetzt noch probieren, etwa Pak Choi, Cima di Rapa, Brauner Senf, Tatsoi, außerdem Frühlingskohlarten oder winterharte Salatzwiebeln und Salatsorten. Samen erhält man im Internet, bei Versandgärtnereien oder in Gartencentern. Dann sollte man noch einmal Mangold für einen ausreichenden Wintervorrat und im Haus Salat in Saatschalen aussäen.

Stroh unter den Kürbis legen

Die Kürbisse sind gut gewachsen, haben aber bis Oktober noch einen langen Weg vor sich, um dicker zu werden und auszureifen. Ein Strohbett unter den Früchten sorgt für Belüftung und verhindert Fäulnis. Stroh kann man aus getrocknetem langen Grasschnitt selbst herstellen, aber ich besorge es mir in der Haustierabteilung im Supermarkt – nicht nur ideal für Kaninchenställe, wie sich herausgestellt hat, sondern auch für Kürbis!

Gepulte Stangenbohnen

Jetzt wird man die Stangenbohnen nicht mehr grün verzehren können. Wenn die Hülsen mit sichtbar ausgeformten Bohnen herabhängen, lassen Sie die Ranken noch einige Wochen bis zum Abbau des Gestells zum Trocknen hängen. Dann kann man die Bohnen pulen und in Gläser füllen. Seien Sie gewarnt, mir ist es einmal passiert, dass ich allergisch auf einen Pilz reagierte, der sich auf den Pflanzen gebildet hatte. Reife Bohnen kann man frisch kochen, einfrieren oder trocknen. Getrocknete Bohnen müssen vor dem Kochen über Nacht eingeweicht werden. In Salzwasser gekocht, verbreiten sie ein mildes Aroma und sind je nach Größe in 5–15 Minuten gar. Sie sollten mit etwas Olivenöl oder Butter und ein paar gehackten Sommerkräutern serviert werden. Am bemerkenswertesten finde ich die knalligen Farben der Bohnen, die beim Kochen leider zu einem faden Graubraun werden.

Rauchige Gazpacho

Gazpacho gibt es in den verschiedensten Variationen – diese gleicht der Salmorejo, einer kalten, dickflüssigen, lachsfarbigen Gazpacho aus den Bergen Cordobas. Statt des traditionell verwendeten Schinkens nehme ich gebratene, mit Pimentón gewürzte Zucchinistreifen. Die Garnierung muss nicht sein, macht aber eine komplette Mahlzeit aus der Suppe. Man kann das Pimentón auch zum Schluss über die Suppe streuen.

- 1 kleines oder ½ großes Baguette (darf trocken sein), etwa 150 g
- 2 EL Rotwein- oder Sherryessig
- 100 ml Wasser
- 10 EL Olivenöl

- 600 g reife Tomaten (etwa 4 große), grob gehackt
- 1 kleine oder ½ große Gurke, geschält und grob gehackt, ein 2 cm langes Stück zum Garnieren beiseitestellen
- 2 Knoblauchzehen (bei älteren den bitteren Keim entfernen), grob gehackt
- Große Prise Meersalz und frisch gemahlener schwarzer Pfeffer

Zur Garnierung optional

- 2 hartgekochte Eier, fein gehackt
- 2 cm langes Stück Gurke, geschält und fein gehackt
- 1 mittelgroße Zucchini
- 2 TL Pimentón (Paprikagewürz, süß bis scharf, nach Belieben) und etwas extra

Das Baguette in kleine Stücke schneiden oder reißen. In einer Schüssel zusammen mit dem Essig, Wasser und 4 Esslöffel Olivenöl einweichen, während man die Suppe weiter vorbereitet.

Tomaten, Gurken, Knoblauch und Salz einige Minuten in der Küchenmaschine auf höchster Stufe zu einem feinen Püree verarbeiten. Dann das eingeweichte Brot und den Pfeffer dazugeben und weiter pürieren, nach und nach 4 weitere Esslöffel Olivenöl einträufeln. Abschmecken.

Die Suppe in eine Schüssel füllen, abdecken und zur Geschmacksentfaltung mindestens zwei Stunden im Kühlschrank ruhen lassen. In dieser Zeit die Garnierung zubereiten.

Die Zucchini halbieren, dann der Länge nach vierteln und in dünne Streifen schneiden. Zwei Esslöffel Olivenöl in eine über mittlerer Hitze vorgewärmte Pfanne geben und darin die Zucchinistreifen goldbraun und knusprig braten. Vom Herd nehmen, mit Pimentón bestreuen und darin wenden. Die Streifen auf Küchenpapier abtropfen lassen.

Die abgekühlte Suppe erneut abschmecken, umrühren, in kleine Schalen geben und mit der Garnierung versehen: Je ein kleines Häufchen Gurke, gehacktes Ei und gebratene Zucchini auf die Suppe geben. Zuletzt mit etwas Pimentón bestreuen. **Ergibt 4 Portionen**

Tipp Die Tomaten halbieren und vor dem Hacken das feste Fleisch am Stielansatz herausschneiden.

Kleingarten-Grillplatte mit zwei Soßen

Es gibt endlos viele Möglichkeiten, Gemüse zu grillen. Hier stelle ich zwei Dips vor, wobei die pikante Grillsoße außerdem als Marinade sowie zum Übergießen des Gemüses während des Grillens benutzt werden kann.

Pikante Grillsoße

- 4 EL Tomatenpüree
- 1 EL Honig
- 2 EL Shoyu oder Sojasoße (hell oder dunkel)
- 2 EL Apfelessig
- 1 TL Pimentón oder Paprikagewürz
- 1 TL Kuminsamen
- 1 große Prise Cayennepfeffer
- 1 Handvoll gehackte Korianderstiele und -blätter
- 1 Handvoll Petersilienblätter
- 1–2 Knoblauchzehen, mit einer Prise Salz in einem Mörser zu einer Paste zerstoßen
- 2 EL Olivenöl
- 2 EL Wasser

Tahinsoße

- 2 gehäufte EL Tahin (Sesampaste)
- 4 EL kochendes Wasser
- 1 Knoblauchzehe, mit einer Prise Salz in einem Mörser zu einer Paste zerstoßen
- Saft einer Zitrone
- 2 gehäufte EL Naturjoghurt
- Meersalz und frisch gemahlener Pfeffer

Für die Zubereitung der pikanten Grillsoße alle Zutaten in einer Küchenmaschine pürieren. Eventuell noch etwas Wasser hinzugeben, falls die Schneidemesser nicht ungehindert rotieren. **Ergibt 4 Portionen**

Für die Tahinsoße Wasser und Tahinpaste in einer kleinen Schüssel verrühren. Unter Rühren Knoblauch und Zitronensaft dazugeben – erstes Gerinnen wird durch weiteres Rühren aufgelöst. Dann den Joghurt und die Gewürze einrühren. Mit Wasser etwas verdünnen, wenn die Konsistenz flüssiger sein soll. **Ergibt 4 Portionen**

Scharfe Suppe mit Mais + Avocado

Ich beneide jeden, dessen Klimazone es erlaubt, eigene Avocados zu ziehen – mir ist es nicht vergönnt. Aber ich kaufe sie gerne, besonders für diese himmlische Verbindung mit Zuckermais.

- 1 TL Kuminsamen, ganz
- 1 l Wasser
- 500 ml Maiskörner, direkt vom Kolben (etwa 4 Kolben – die abgeernteten Kolben aufheben)
- Meersalz und frisch gemahlener schwarzer Pfeffer
- 3–4 nicht ganz reife Avocados
- Saft einer Limone
- 2 Frühlingszwiebeln, weiße und grüne Teile, gehackt
- 2 kleine rote Chilischoten, fein gehackt (etwa 1 TL oder je nach Geschmack)
- Gehackter Koriander und Joghurt oder Crème fraîche als Finish

Die Kuminsamen in einer trockenen Pfanne über moderater Hitze etwa 1 Minute rösten, bis sie dunkler werden. Auf einem Teller abkühlen lassen.

Wasser in einem Kochtopf zum Kochen bringen. Die abgeernteten Maiskolben dazugeben und 10 Minuten köcheln lassen. Währenddessen das Avocadofleisch mit dem Limonensaft pürieren. Frühlingszwiebeln, gehackte Chilischote und Kuminsamen unterrühren, mit Salz und Pfeffer abschmecken.

Die Kolben aus der Brühe nehmen, die Maiskörner hineingeben und mit Salz abschmecken. Weitere zwei Minuten köcheln lassen, bis der Mais zart ist, dann den Topf vom Herd nehmen.

Die Avocadomischung gut einrühren und abschmecken. In warme Schalen geben und mit einem Schlag Joghurt oder Crème fraîche sowie gehacktem Koriandergrün servieren.
Ergibt 4 Portionen

Tipp Die Maiskörner lassen sich am besten vom Kolben entfernen, indem man die Kolben in eine große Schüssel stellt und die Körner mit einem scharfen Messer in einer Abwärtsbewegung herunterschneidet.

Suppe aus reifen Bohnen

Überreife Bohnen können faserig sein – diese Suppe macht das Beste aus ihnen.

Gehackte Zwiebeln und Knoblauch anbraten, 1 Liter Brühe dazugeben und darin 1 Kilo gehackte Stangenbohnen mit Salz und Pfeffer kochen, ein Bouquet garni aus Rosmarin, Thymian und Lorbeerblatt dazugeben. 20–30 Minuten köcheln lassen. Die Kräuter entfernen, die Suppe pürieren, dann durch ein Sieb streichen. Erneut erhitzen und mit einer Joghurthaube oder geraspeltem Käse servieren.

Gebackene Tomaten

Tomaten lassen sich leicht im Backofen trocknen. Dabei werden sie noch aromatischer.

Die halbierten Tomaten mit der Schnittseite nach oben auf ein Backblech legen. Gehackten Knoblauch, Salz, Pfeffer, Olivenöl und Balsamico daraufgeben und etwa 1,5–2 Stunden bei 150 °C backen, dann abkühlen lassen und essen.

Herbst

SEPTEMBER	DRINNEN / UNTER GLAS	DRAUSSEN IN GARTENERD
Äpfel		
Auberginen		
Birnen		
Blumen		
Blumenkohl		
Brokkoli (Sprossbrokkoli)		
Erdbeeren		
Fenchel		
Frühlingszwiebeln	★	★
Grünkohl		
Gurken		
Himbeeren		
Kartoffeln		
Kohl (Sommer)		
Kürbis		
Lauch		
Mangold	★	★
Möhren		
Orientalisches Gemüse	★	★
Paprika und Chili		
Pflaumen		
Radieschen	★	★
Rosenkohl		
Rote Beete		
Rüben, Weiße		★
Rucola	★	★
Salat/Salatblätter	★	★
Spinat	★	★
Stangen- und andere Bohnen		
Tomaten		
Weintrauben		
Winterkräuter		
Zucchini		
Zuckermais		
Zwiebeln/Schalotten		

FÜR GEFÄSSE GEEIGNET	JETZT ERNTEN	REZEPTE UND WEITERE INFOS
★	★	Tarte mit Äpfeln + Thymian, 150; siehe 147
★	★	Geräucherter Auberginensalat, 167; siehe 124, 155
★	★	Birnen auf Schokoladenkuchen, 184
★	★	Siehe 116
★	★	Blumenkohlsuppe mit Kokosmilch, 182; s. 172, 183
★	★	Risotto aus Sprossbrokkoli + Graupen, 39; siehe 35
★	★	Siehe 83
★	★	Siehe 140
★	★	Grüne Suppe, 57; siehe 61, 72, 92, 112, 131
★	★	Safran-Reis-Brühe mit Wintergemüse, 38; siehe 42
★	★	Rauchige Gazpacho, 128; siehe 105, 167
★	★	Siehe 108
★	★	Kartoffelkuchen mit Parmesan, 93; siehe 28, 84
★	★	Linsen-Kohl-Päckchen, 203; siehe 123
★	★	Kürbispastete, 169; siehe 124, 149, 162, 165, 167
★	★	Siehe 24, 45
★	★	Kuku mit Ampfer + Mangold, 36; siehe 32, 39, 57
★	★	Siehe 167, 179
★		Siehe 181
★	★	Siehe 112, 131, 143, 144
★	★	Siehe 137
★	★	Siehe 64
★	★	Pikanter Rosenkohl, 203; siehe 27, 42, 195
★	★	Siehe 138
★	★	Siehe 180
★	★	Grüne Suppe, 57; siehe 46
★	★	Dicke Bohnen mit Salat, 75; siehe 57, 63
★	★	Siehe 32
★	★	Bohnen mit Sojasoße, 112; siehe 106, 127, 131
★	★	Gebackene Tomaten, 131; siehe 120
★	★	Siehe 144
★	★	Siehe 150, 169, 198
★	★	Zucchini-Snack, 113; siehe 102, 128, 148
★	★	Mais-Avocado-Suppe, 131; siehe 119
★	★	Siehe 36, 39, 75, 161

Anfang September
Kleine Racker

Immer noch wird geerntet, aber der Sommer lässt langsam nach. Die Tage werden merklich kürzer, Grüntöne vergilben, ein Blätterrascheln liegt über der Gartenanlage. Septembernachmittage können zu den schönsten im Jahr gehören, ständig trifft die Sonne aus einem anderen Winkel auf den Garten. Die Gartenkatzen nehmen träge ein Sonnenbad, ignorieren einander und sind sogar zu faul, Tauben oder Eichhörnchen nachzujagen. Alles ist ein wenig entspannter geworden. Mit den ersten kühlen Nächten beginnt sich das sommerliche Gartenleben langsam aufzulösen.

Eine Plage bleibt mir allerdings erhalten: Die Jugendlichen, die nach der Schule auf der Straße neben der Gartenanlage Fußball spielen. Ständig fliegt der Ball über den Zaun in unseren Garten und knickt dabei mal eine Maispflanze um, mal zermatscht er einen Salatkopf. Wenn wir nicht da sind, findet der Kleinste der Mannschaft immer einen Weg durch den Zaun, um den Ball zurückzuholen. Seit zwei Jahren versuche ich, ihm Respekt gegenüber unserem Garten beizubringen, und mehrere Male schäumte ich vor Wut, als ich wieder Fußspuren zwischen meinen Zwiebeln entdeckte. Aber ich unterdrückte meinen Ärger und versuchte den kleinen Racker mit einer Tüte Gemüse für seine Mutter zu bestechen und bat dabei um mehr Vorsicht beim Umherstapfen zwischen meinen Pflanzen. Ich schenkte ihm sogar einmal Geld, um sich am Eiswagen ein Eis zu kaufen, der jeden Nachmittag pünktlich um 16.30 Uhr laut klingelnd hier auftaucht. In letzter Zeit leistet uns der Junge manchmal in unserem Garten Gesellschaft, anstatt Fußball zu spielen. Er ist sehr hilfsbereit, aber leider in Gartendingen etwas ungeschickt – so putzig er auch ist. Dafür lasse ich ihn gerne mit aussuchen, was er seiner Mutter mit nach Hause bringt. Ich weiß mittlerweile, dass er sich

Gegenüber Spätsommer auf Parzelle Nr. 5

Pflaumen

Ich habe mich bisher nur indirekt über Pflaumen freuen können. Alex hatte in seiner Parzelle Nr. 6 einen Reneklodenbaum, den er aber fällte, um mehr Licht in seinem Garten zu bekommen. Jetzt vermisse ich das Fallobst in meinem Garten. Obwohl die Früchte viele Wespen anlockten, verschlang ich sie an Ort und Stelle. In nahegelegenen Parks stehen Mirabellen- und Zwetschgenbäume, so dass ich bei Spaziergängen zwischen Ende Juli und Oktober nur selten meinen Sammelbeutel vergesse.

Pflaumen bieten eine erstaunliche Artenpalette. Kleine, derb schmeckende mit hohem Pektingehalt für Marmelade und Chutneys, süße zum Backen, zum Dünsten in Wein oder für den rohen Verzehr. Pflaumen passen ideal zu jeder Art von Gebäck. Ersetzen Sie die Steine durch Zucker und gehackte Mandeln und backen die Pflaumen in Blätterteig; oder umwickeln Sie halbierte Pflaumen, Ziegenkäse, Fenchelsamen und -grün mit Blätterteig und backen Sie das Ganze.

Rote Beete

Dieses Gemüse hat viele Vorzüge. Es ist verlässlich, gesund und unterliegt nur marginal den Gesetzen der Fruchtfolge. Man kann Rote Beete in Containern ziehen und sie kann bis in den Winter hinein im Boden bleiben. Man kann Blätter, Stiele und Wurzel essen, und das in allen Stadien, also vom pikierten Grün, über die Baby- zur ausgewachsenen Pflanze. Roh oder gekocht, pikant oder süß hat sie sich zum »Supergemüse« gemausert und wirkt angeblich sogar krebshemmend. Das frische Grün kann man wie Mangold oder Spinat zubereiten, während man die Wurzel am Stielansatz abschneidet, abschrubbt und mit Schale kocht. Erst danach sollte man die Schale abziehen. Oder man röstet sie in einem Schuss Öl und isst sie mit Schale.
Rote Beete ist ein guter Partner für säuerliche Früchte, Schimmelkäse, Wal- und Haselnüsse, Kokosnuss und pfeffrige Blätter wie die von Rucola.

meist für die übergroßen Zucchini entscheidet und die darf er gerne haben. Sein Vater mag sie besonders, weil sie ihn an seine Kindheit in Indien erinnern. Seine Mutter stammt aus Bangladesch und zeigt mir ihr Wohlwollen durch ein Nicken oder ein Lächeln durch den Zaun.

An heißen Sommertagen kommt es häufig zu regelrechten Wasserballonschlachten. Weil unser kleiner Racker und ein paar jüngere Freunde noch durch den Zaun passen, sind sie im Vorteil, denn ich lasse sie bei uns Wasser zapfen. (Ich verstecke allerdings den Spezialschlüssel für den Wasserhahn, damit ich stets die Kontrolle über die Artillerie behalte.) Es ist eine seltsame Methode, sich Anerkennung in der Straße zu verschaffen, aber ich glaube, ich habe Erfolg damit.

Was jetzt getan werden muss

Kartoffeln ausgraben

Die meisten Kartoffeln habe ich jetzt geerntet, aber es gibt immer noch welche im Boden. Wie bereits vorher erwähnt, bevorzuge ich den Geschmack frisch geernteter Kartoffeln und muss mich nicht unbedingt das ganze Jahr über mit ihnen selbst versorgen. Da Kartoffeln im Winter recht preisgünstig sind, baue ich sie nicht massenhaft an. Sollten sich jetzt noch welche im Boden befinden, müssen sie bis Ende des Monats geerntet sein.

Das Kartoffelkraut vernichte ich, anstatt es zu kompostieren, weil es häufig von Krankheiten befallen ist. Nun sollte man das ganze Beet noch mal umgraben, denn die Grabegabel erwischt nie alle Kartoffeln. Lagerkartoffeln sollten an trockenen Tagen auf den Beeten trocknen, bevor man sie in Sackleinen, dickem Papier oder gewebten Kunststoffsäcken ins Winterlager bringt. Ein Apfel oder eine Orange in der Nähe unterstützt durch Ausdünstungen die Haltbarkeit der Kartoffeln. Eigenartig aber wahr!

Gründüngung

Grüne Pflanzen können jetzt auf freie Flächen gesät werden, zum Beispiel auf ein abgeerntetes Kartoffelbeet. Sie reichern den Boden über kürzere oder längere Zeit wieder mit Nährstoffen an. Am Ende ihrer nährstoffliefernden Lebensspanne kann man die Pflanzen in die Erde einarbeiten. Ein zusätzlicher Vorteil des Gründüngers liegt im Unterdrücken von Unkraut auf leeren Beeten. Generell muss man bezüglich Saison, Lebensdauer und Fruchtfolge die richtigen Gründüngungspflanzen wählen. So eignet sich als Folgekultur von Kartoffeln Senf, aber dem Senf als Kohlgewächs sollten keine Kohlpflanzen folgen. Einzelheiten dazu erhält man im Internet, in Gartenratgebern und durch die Informationen auf Samenpäckchen von Gründüngungspflanzen, die man in Gartencentern und im Versandhandel erwerben kann.

»Man sollte das ganze Beet umgraben, denn die Grabegabel erwischt nie alle Kartoffeln.«

Oben links Ausgegrabene Kartoffeln der Sorte »Desirée«
Oben rechts Beim Ausgraben der Kartoffeln sollte man vorsichtig mit der Grabegabel umgehen, um möglichst wenige Kartoffeln zu verletzten.

Mitte September
Am Sommer festhalten

Wenn Windböen die ersten trockenen Blätter umherpusten und der Regen nicht aufhören will, schafft eine blubbernde, mit viel Knoblauch gespickte Tomatensuppe auf dem Herd eine gemütliche Stimmung. Ich verbringe nun mehr Zeit in der Küche, da die Tage kürzer werden. Jetzt ist die Chutney-Saison angebrochen und wir haben viele Tomaten, die verarbeitet werden wollen. Und Fenchel und Äpfel und Kürbis und Paprika und ... die Belohnungen des Sommers scheinen niemals zur Neige zu gehen, doch leider schwebt der bevorstehende Herbst unzweifelhaft über uns.

Aber ich versuche, den Sommer so lange wie möglich festzuhalten. Präziser ausgedrückt: Ich friere ihn ein. Ich versuche also, so viele Suppen, Nudelsoßen, Curry- und Schmorgerichte und mit Käse gespickte Gemüseaufläufe zu machen wie möglich. Sie kommen portionsweise in die Gefriertruhe für warme Mittag- und Abendessen, denn schnelle, fertige Mahlzeiten aus eigenem Gemüse sind im Winter ein Geschenk des Himmels. Wir verbrauchen sie zügiger als separat eingefrorenes Gemüse, das durch das Einfrieren doch einiges von seinem Aroma einbüßt. Dennoch lassen sich Dicke Bohnen, Erbsen, Stangenbohnen, Mangold und Brokkoli gut einfrieren und sind willkommene Zutaten für eine heiße Nudelsuppe. Portionsweise eingefrorene gekochte und zerstoßene Kartoffeln lassen sich für delikate Pfannengerichte wieder auftauen.

Zwei oder drei verschiedene Kleingarten-Chutneys sind in jedem Jahr ein Muss – vorrangig als Weihnachtsgeschenk, aber auch für unseren eigenen Verbrauch. Ansonsten lege ich noch das eine oder andere Gemüse ein und koche ein paar Marmeladen. Eigentlich aber bin ich die Königin des Einfrierens. Was meine Vorratsbehälter angeht, fühle ich mich völlig frei. Jedenfalls gebe ich kein Geld mehr für noble gummiberingte Einmachgläser aus und sammle das Jahr hindurch jede Art von Glas mit Schraubdeckel.

Fenchel

Knollenfenchel ist eine echte Gaumenfreude und sehr leicht zu ziehen. Von März bis Juni kann man ihn im Haus in kleine Töpfe säen und wenn die Pflanzen 7–10 cm hoch sind in größere Töpfe oder ins Freiland pflanzen. Jungpflanzen muss man vor Schnecken schützen, weil ihr kräftiger Anisgeruch die Schädlinge anlockt. Bei Temperaturstürzen kann es zu einer verfrühten Blüte und einem Wachstumsstop kommen. Dann sollte man ihn direkt ernten oder einfach wachsen lassen und sich an den gelbgrünen Blüten erfreuen. Die Blüten sind als Dekoration einsetzbar, schmecken aber auch gedünstet oder in einem Teig gebacken. Samen sind wiederum frisch oder getrocknet ein Aromawunder (siehe Seite 156). Die Wurzeln schmecken wie die von Pastinake. Dabei sind die äußeren Schichten zwar derb, geben aber, wie auch das zartlaubige Grün, einer Brühe einen kräftigen Geschmack. Die Knollen sollten mit einer oder zwei Zwiebeln in Salzwasser garen.

Oben Chilischoten hängen zum Trocknen an einem Faden in einem Fenster meiner Wohnung. **Rechts** Meine Chutneys in wiederverwendeten Gläsern mit Schraubverschluss

Ich löse die Etiketten ab, schicke die Gläser durch den Geschirrspüler und sterilisiere sie in bewährter Weise: Sie kommen dabei auf mehreren Lagen Küchenpapier auf ein Backblech und dann für etwa zehn Minuten bei 180 °C in den Backofen. Die Metalldeckel lege ich in einen Kochtopf mit Wasser und koche sie zehn Minuten. Danach trockne ich alles sorgfältig ab. Die gereinigten Gläser kosten nichts, entgehen dem Müll und eignen sich wunderbar für meine Chutneys.

Was jetzt getan werden muss

Gewächshaus lüften

Paprika, Chili und Auberginen schätzen noch immer die Wärme des Gewächshauses nach dem Sonnenaufgang, ebenso wie Schädlinge, die den Saisonwechsel deutlich spüren und fürchten. Wenn man Gewächshäuser und Frühbeetkästen während des Tages für eine Weile offen lässt, werden sich Pilze und Schädlinge nicht so leicht etablieren.

Winterpläne

Bevor der Winter da ist, bieten sich noch verschiedene Pflanzen zum Anbau an. Es lohnt sich daher noch, einen Pflanzenkatalog oder Internetseiten zu studieren. Beerensträucher und Obstbäume können bald in den Boden, ebenfalls überwinternde Dicke Bohnen, Knoblauch und Zwiebeln. Im frühen Winter sollte man wieder düngen, so dass man die Augen nach gut verrottetem Kompost aufhalten sollte.

Gegenüber Unser selbst gebasteltes Gewächshaus aus gefundenen Doppelstegplatten wird im September besonders gut gelüftet.

Chili

Jetzt dürften die Chilipflanzen Farbe angelegt haben. Sie sind orange, purpurn, gelb oder sogar weiß – nicht nur grün oder rot. Sie haben verblüffende Formen und Größen, manche sind überaus dekorativ – einmal hing zu Weihnachten eine koreanische Sorte voller roter Schoten und wurde unser Weihnachtsbaum. Chilischoten sind in meiner Küche nicht zu ersetzen. Doch ich brauche meine Latex-Handschuhe für die Zubereitung.
Selbst der erfahrenste Chililiebhaber übertreibt es manchmal mit der Würze, und dann kann Wasser das Brennen nicht lindern. Zucker, Alkohol, einige Fette und Kasein (ein Milchprotein) hemmen das Brennen etwas, ein Glas Bier schafft schon mehr Abhilfe – am besten aber soll Tequila wirken. Auch Saft, ein Löffel Zucker oder Joghurt versprechen Besserung. Es ist kein Zufall, dass Sour Cream zum mexikanischen sowie Joghurt zum indischen Essen gereicht werden und thailändische Gerichte viel Zucker enthalten.

Milde Paprika

Im Gewächshaus, Frühbeetkasten oder geschützten Patio kann man mit Paprika Erfolg haben. Wie ihre Chili-Cousinen gibt es sie in einer erstaunlichen Vielfalt und sie präsentieren sich auch als schöne Zierpflanzen. Selbst gezogene Paprika sehen meist unförmig aus und die Ernte ist spärlich, wenn die warmen Plätze begrenzt sind. Aber sie sind um einiges schmackhafter als die wassergefüllten Sorten im Handel. Ihre Farbveränderung im wochenlangen Reifeprozess ist spannend zu verfolgen, und ihren besonderen Geschmack nach der Ernte zu genießen ist ein Erlebnis.
Sie können roh in Salate geschnitten oder für Chutneys verwendet werden. Geröstete Paprikaschoten gehören zum letzten Zeichen des Sommers: Halbieren, die Samen entfernen und mit der Außenhaut zur Flamme grillen, bis diese schwarz und blasig ist. Die Hälften in eine Plastiktüte geben zum Abkühlen, erst dann häuten. Danach können sie auch eingefroren werden.

Ende September
Unausweichlich Herbst

Jetzt ist es offiziell – der Sommer ist vorbei. Aber der Gartenkorb füllt sich immer noch täglich. Ehrlich gesagt benutze ich keine Gartenkörbe – sie sind unpraktisch und mir zu klein. Plastiktüten erfüllen den gleichen Zweck, und mit ihnen kleide ich zudem den Komposteimer in meiner Küche aus. Eine Weile lang nahm ich verrottbare Komposteimertüten, aber sie erwiesen sich als nicht vollkommen dicht. Bei den seltenen Besuchen in Supermärkten lehnte ich eine Zeit lang Plastiktüten ab, weil ich stets meine Baumwolltaschen dabeihatte. Aber dann merkte ich, dass ein paar Plastiktüten in meinem Leben ganz praktisch wären. Ich weiß, sie lassen sich nicht kompostieren, sind dafür aber für verschiedene Dienste einsetzbar. Zumindest habe ich meinen Konsum an Plastiktüten gut unter Kontrolle.

Als neues Mitglied unter den erntereifen Früchten begrüße ich jetzt eine saftige, purpurfarbene Zypern-Weintraube. Vor Jahren haben wir die Pflanze von einem Kleingärtner übernommen. Ich nenne sie deswegen Zyperntraube, weil sie dieselben Früchte trägt wie die Weintraube, die bei uns zu Hause von unserem Nachbarn herüberwächst – und er hat sie aus seinem Heimatland Zypern mitgebracht. Wir verwenden im späten Frühjahr und Frühsommer die zarten Blätter (siehe Seite 87). Jetzt sind die Trauben reif und schmecken wunderbar – klein und voller Kerne, aber süß und von intensivem Geschmack. Ich habe versucht, den gepressten Saft in Eiswürfelschalen einzufrieren, um damit Soßen zu verfeinern, aber der hohe Zuckergehalt lässt ihn nicht gefrieren. Die Trauben schreien geradezu danach, zu Gelee oder Wein verarbeitet zu werden, aber wir essen sie einfach so, mit den Kernen, und amüsieren uns über unsere blauen Zungen danach.

Gegenüber Ein kleiner Teil der Tomatenernte

Was jetzt getan werden muss

Abschied von den Tomaten nehmen

Ende September oder Anfang Oktober lauert der erste Frost. Selbst in einem Betondschungel werden die Temperaturen für Pflanzen jetzt ungemütlich. Aber sie haben ihre Dienste geleistet und so ist es an der Zeit, innerhalb der nächsten Tage die Tomatenernte zu beschließen. Glücklicherweise kann man sie im Haus noch nachreifen lassen. Am besten hängt man die abgeschnittenen Fruchtrispen an einer gespannten Schnur in Küche oder Schuppen auf – oder wo auch immer Platz und Licht ist. Zum Fixieren bieten sich Wäscheklammern an. Das von reifen Früchten ausströmende Gas fördert die Reifung der grünen Tomaten. Eine unterentwickelte Frucht wird jedoch nicht mehr reif und sollte jetzt gekocht oder in Chutneys verarbeitet werden (siehe die Seiten 148 und 167). Die Pflanzen sollte man von den Spalieren befreien und am besten vernichten, da sie meist von Braunfäule befallen sind.

Früchte kompostieren

Kalte Nächte haben vielem den Garaus gemacht und bleiche Reste hinterlassen. So können die Maispflanzen nach der Ernte ausgerissen und kleingeschnitten auf den Kompost wandern – sie verbessern die innere Struktur des Haufens. Erbsen- und Bohnenpflanzen kann man zurückschneiden, das Oberirdische ist für den Kompost, die Wurzeln bleiben im Boden und binden dort Nährstoffe. Auch Kürbispflanzen mit ihren riesigen Blättern und Trieben sind jetzt reif für den Komposthaufen. Sollten noch frische Blätter da sein, sollte man sie auf jeden Fall kochen (siehe Seite 124). Beim Abschneiden der Kürbisse lässt man eine Daumenlänge Stiel an den Früchten. Sie können an einem sonnigen Platz oder im Haus noch nachreifen.

Tipp

Jetzt Knoblauch zum Stecken der Zehen im späten Oktober oder frühen November besorgen (siehe Seite 175).

Gegenüber oben Äpfel meines Gartennachbarn Alex
Gegenüber unten Grüne »Rainbow Beefsteak«-Tomaten, die sofort gekocht werden oder im Haus nachreifen können

Äpfel

Apfelbäume mit schwach wachsenden Unterlagen eignen sich für kleinste Gartenräume. Ich werde allerdings schon mit Äpfeln versorgt, und zwar von meinen Gartennachbarn, meiner Schwiegermutter und wild wachsenden Apfelbäumen in den grünen Ecken Londons. Mit einem Apfel aus Neuseeland wird man mich nicht erwischen, aber für eine englische Sorte bin ich auch bereit zu zahlen. Mit einem englischen Cox Orange in der Hand fühlt man sich britisch, er ist mein Lieblingsapfel – knackig, saftig und erfrischend süßsauer.
Der Wind versorgt mich mit Äpfeln vom Baum meines Gartennachbarn Alex. Ich sammle sie auf, bevor sich andere Kreaturen daran laben. Fallobst hält sich meist nicht lange, so dass ich es bald esse oder zu Chutney verarbeite (siehe Seite 148). Auch für eine Suppe mit Möhren und Fenchel, einen Kartoffelauflauf, zusammen mit strengem Cheddar-Käse oder als Herbstdessert (siehe Seite 150) ist Fallobst zu gebrauchen.

Gartenchutney

Gartenerzeugnisse lassen sich auch in Gläsern haltbar machen. Sammeln Sie alles Mögliche, um auf 3 Kilogramm zu kommen. Achten Sie aber darauf, dass etwas Fruchtiges und ein Zwiebelgewächs dabei ist. Man kann das Rezept je nach Bedarf vervielfachen.

- 3 kg Gartenprodukte, gehackt in haselnussgroße Stücke – beispielsweise die gleiche Menge grüne Tomaten, geschälte Äpfel und Zucchini, dazu 5–10 Zwiebeln, 12 Knoblauchzehen und 8 mittelscharfe grüne Chilischoten

- 2 EL Meersalz
- 2 EL ganze Gewürze (etwa Nelken, Samen von Koriander, Dill, Fenchel, Senf, Kumin, Schwarzkümmel)
- 8 Lorbeerblätter
- 750 g brauner Zucker
- 500 ml Apfelessig, Weinessig oder weißer destillierter Malzessig (mind. 5 % Säuregehalt)

- Einmachgläser mit Gummiring oder vorbereitete Gläser mit Metalldeckel (siehe Seite 143)

Früchte und Gemüse kleingehackt mit Salz, Gewürzen und Lorbeerblättern in einem sehr breiten Edelstahltopf 20 Minuten dünsten. Nachdem sich Saft gebildet hat, Zucker und Essig dazugeben. Kurz aufkochen und zum Eindicken köcheln lassen. Dabei häufig umrühren, damit der Zucker nicht am Topfboden anbrennt. Das alles dauert 1–4 Stunden, je nach Saftgehalt der Mischung. Für eine einwandfreie Haltbarkeit sollte die austretende Flüssigkeit vollständig verdampft sein, so dass das Chutney eine marmeladenartig feste Konsistenz bekommt.

Kurz bevor das Chutney fertig ist, die Gläser sterilisieren (siehe Seite 143). Das Chutney kurz abkühlen lassen (5–10 Minuten), dann bis zum Rand in die heißen Gläser füllen. Mit einem Handtuch die Gläser festhalten und die trockenen, sterilisierten Deckel so fest wie möglich verschließen.

Bis Weihnachten, mindestens aber 2 Monate lang an einem kühlen, trockenen Platz aufbewahren.
Ergibt etwa 8 200-ml-Gläser

Kürbisblüten in gewürzter Maisgrießkruste

Männliche Blüten haben Stiele und kleben nicht direkt an der Frucht. Sie sind größer, schmackhafter und leichter zu füllen. Dieses Rezept stammt von Indianern aus dem Südwesten der USA, für die Kürbisblüten eine rituelle Bedeutung haben.

- 12 Kürbis- oder Zucchiniblüten
- 100 g weicher Frischkäse
- 2 Eier
- 4 EL Milch
- ½ TL Cayennepfeffer oder Chilipulver
- ½ TL gemahlener Kreuzkümmel
- 1 TL Salz

- 100 g Maisgrieß
- Etwas Sonnenblumenöl zum Braten

Die Blüten vorsichtig öffnen und mit einem Teelöffel etwas Käse hineingeben. Der Käse muss ganz von den Blütenblättern umschlossen sein.
In einer flachen Schüssel die Eier mit der Milch, den Gewürzen und dem Salz gut vermischen. Den Grieß in einer separaten Schüssel bereithalten.

Jede Blüte in die Eimischung tauchen, bis sie ganz ummantelt ist, dann sanft durch den Grieß wälzen und sachte etwas zusammendrücken, ohne dass Käse herausgedrückt wird. Auf einen Teller legen und 15–20 Minuten kühl stellen. Den Backofen vorheizen.

Einen großen Teller zum Abtropfen der Blüten mit Küchenpapier auslegen. Eine große Pfanne über mittlerer Hitze erwärmen und Öl dazugeben. Wenn das Öl heiß ist, die Blüten darin goldbraun braten. Zum Wenden eine Küchenzange verwenden und die Blüten zum Abtropfen auf das Küchenpapier legen und im Backofen warm halten, bis alle gebacken sind. So schnell wie möglich servieren.
Ergibt 4 Portionen

Tipp Die Blüten innen und außen mit einem schwachen Strahl kaltem Wasser abspülen und mit Küchenpapier trocken tupfen. Mit einer Schere den Stempel am Blütenboden abschneiden – er kann bitter schmecken. Das kurze Stielende nicht abschneiden.

Frische + einfache Tomatensoße

Die einfachste Methode, viele Tomaten auf einmal zu verarbeiten.

Eine Stielkasserolle mit ganzen Tomaten jeglicher Größe füllen. Salz, 1–2 Löffel braunen Zucker, einen Schuss Weinessig, einige ganze Knoblauchzehen und etwas Wasser dazugeben. Abdecken und zum Kochen bringen. 30 Minuten köcheln lassen, die aufgeplatzten Tomaten währenddessen zerdrücken. Schnell abkühlen lassen, pürieren und passieren. Die Gewürze einrühren. Wieder erhitzen und servieren oder ganz abkühlen lassen und portionsweise einfrieren.

Tarte mit Äpfeln + Thymian

Apfel und Thymian passen ausgezeichnet zusammen und verbinden sich bei diesem klassischen Dessert in einer buttrigen Weinbrandsoße. Eine vereinfachte Version der bekannten Tarte Tatin.

- 30 g leicht gesalzene Butter
- 50 g brauner Zucker
- 40 ml Schlagsahne
- 2 TL Weinbrand oder Calvados

- 1 Päckchen fertig gerollter Blätterteig, gekühlt
- Butter zum Einfetten
- 1 EL feiner Zucker
- 1 Handvoll Thymianblätter, grob gehackt
- 6–7 kleine Äpfel, geschält, halbiert und entkernt

- Springform mit 20 cm Durchmesser
- Backpapier

Zuerst die Soße zubereiten. Dazu Butter, Zucker und Sahne in einem Topf bei moderater Hitze erhitzen und umrühren, bis sich Blasen bilden. Hitze reduzieren und 2 Minuten köcheln lassen, dann vom Herd nehmen, etwas warten und den Alkohol einrühren. In eine feuerfeste Schale geben und ganz abkühlen lassen.

Den Backofen auf 220 °C vorheizen. Währenddessen den Boden der Backform als Schablone zum kreisrunden Zuschneiden des Teigs verwenden. Teig auf einem Teller kühl stellen. Den Boden der Backform mit Backpapier auskleiden. Papier und Form gut einfetten und den Boden gleichmäßig mit Zucker, danach mit Thymianblättern bestreuen. Die vorbereiteten Apfelhälften mit der Schnittseite nach oben eng aneinanderlegen. Zum Rand etwas Abstand lassen.

Den Teig über die Äpfel stülpen und den Teigrand so in die Form kneten, dass er den Formboden berührt. Auf ein Backblech stellen und 20 Minuten backen, bis die Tarte goldbraun gefärbt und etwas aufgegangen ist.

Aus dem Ofen nehmen und 15 Minuten abkühlen lassen. Den Rand der Springform vorsichtig lösen. Die Tarte liegt jetzt noch kopfüber. Nun ist Vorsicht geboten, denn die heiße Apfelflüssigkeit kann spritzen. Über einem Spülbecken einen großen Servierteller auf die Tarte legen und alles schnell herumdrehen. Das Backpapier entfernen und die Tarte mit der abgekühlten Soße gleichmäßig beträufeln. In Kuchenstücke schneiden und warm oder kalt servieren.
Ergibt 6–8 Portionen

Tipp Die Äpfel mit einem Gemüseschäler schälen, von oben nach unten halbieren, die Enden abschneiden und vorsichtig die Kerne herausholen. Alternativ kann man auch mit einem Apfelausstecher die Kerne entfernen, bevor man den Apfel halbiert.

OKTOBER	DRINNEN / UNTER GLAS	DRAUSSEN IN GARTENERDE
Äpfel		
Auberginen		
Birnen		
Blumenkohl		
Brokkoli (Sprossbrokkoli)		
Dicke Bohnen		★
Fenchel		
Frühlingszwiebeln	★	★
Grünkohl		
Gurken		
Himbeeren		
Kartoffeln		
Knoblauch		★
Kohl (Winter)		
Kürbis		
Lauch		
Mangold	★	
Möhren		
Obstbäume		★
Orientalisches Gemüse	★	★
Paprika und Chili		
Radieschen		
Rosenkohl		
Rote Beete		
Rüben, Weiße		
Rucola	★	
Salat/Salatblätter	★	
Sellerie		
Spinat	★	
Stangen- und andere Bohnen		
Steckrüben		
Tomaten		
Weintrauben		
Winterkräuter		

FÜR GEFÄSSE GEEIGNET	JETZT ERNTEN	REZEPTE UND WEITERE INFOS
★	★	Tarte mit Äpfeln + Thymian, 150; siehe 147
★	★	Geräucherter Auberginensalat, 167; siehe 124, 155
★	★	Birnen auf Schokoladenkuchen, 184
★	★	Blumenkohlsuppe mit Kokosmilch, 182; s. 172, 183
★		Risotto aus Sprossbrokkoli + Graupen, 39; siehe 35
★	★	Bohnen-Tabouleh, 92; siehe 68, 75, 113
★	★	Siehe 140
★	★	Grüne Suppe, 57; siehe 61, 72, 92, 112, 131
★	★	Safran-Reis-Brühe mit Wintergemüse, 38; siehe 42
★	★	Rauchige Gazpacho, 128; siehe 105, 167
★	★	Siehe 108
★	★	Kartoffelkuchen mit Parmesan, 93; siehe 28, 84
★		Bohnen-Knoblauch-Püree, 113; siehe 39, 55, 75, 100
★	★	Salat aus Steckrüben + Rotkohl, 200; siehe 191
★	★	Kürbispastete, 169; siehe 124, 149, 162, 165, 167
★	★	Siehe 24, 45
★	★	Kuku mit Ampfer + Mangold, 36; siehe 32, 39, 57
★	★	Siehe 167, 179
★		Siehe 181
★	★	Siehe 181
★	★	Siehe 112, 131, 143, 144
★	★	Siehe 64
★	★	Pikanter Rosenkohl, 203; siehe 27, 42, 195
★	★	Siehe 138
★	★	Siehe 180
★	★	Grüne Suppe, 57; siehe 46
★	★	Dicke Bohnen mit Salat, 75; siehe 57, 63
★	★	Selleriegratin mit Steinpilzen, 182; siehe 175
★	★	Siehe 32
★	★	Bohnen mit Sojasoße, 112; siehe 106, 127, 131
★	★	Salat aus Steckrüben + Rotkohl, 200; siehe 197
★	★	Gebackene Tomaten, 131; siehe 120
★	★	Siehe 144
★	★	Siehe 150, 169, 198

Anfang Oktober
Die Reste des Sommers

In Zeiten des Klimawandels werden die Wettervorhersagen immer unsicherer, aber eines ist sicher: Der Sensenmann mäht bald manche Pflanze im Kleingarten nieder und deshalb sollte man jetzt besonders fleißig ernten.

Es kündigt sich langsam an und geht dann Schlag auf Schlag: Die Temperaturen wandern nach unten, das Laub wird gelb und fällt zu Boden, doch die ermatteten Pflanzen strengen sich noch bis zum letzten Atemzug an. Die letzten Zucchini, ein paar kümmerliche Bohnen und Tomaten – sogar die Erdbeeren tragen noch einige blasse Früchte. Der Rhabarber hingegen hat sich ergeben, obwohl der ein oder andere bleiche Trieb noch im Zentrum der Pflanze erscheint. Am wenigsten lässt sich das Wurzelgemüse etwas anmerken – das Kohlpflanzenbeet bestimmt nun die gesamte Parzelle.

Man kann den Frost förmlich riechen und daher sollte man alles, was der Sommer hat wachsen lassen, so bald wie möglich ernten. Ich erwischte noch einen sonnigen Nachmittag, um grüne Tomaten, Mais, die letzten Zucchini und Pflanzenblätter zu sammeln. Die letzten Kartoffeln holte ich aus der Erde und ließ sie an der Oberfläche etwas trocknen. Eine Schubkarre voller Paprika-, Chili- und Auberginenpflanzen fuhr ich in einer Rettungsaktion zu ihrem Seniorenheim – meinem Wohnzimmer. Dann machte ich mich in der warmen Küche noch einmal an eine gemütliche Chutney-Produktion.

Auberginen

Auberginen gedeihen in Behältern, brauchen in kühleren Regionen aber die Wärme von Gewächshäusern, um gut auszureifen. Für eine befriedigende Ernte sollten lediglich 4–5 Früchte an der Pflanze bleiben und der Rest der Blüten abgeschnitten werden. Überreif sollte man die Auberginen nicht werden lassen. Wenn die Haut unter dem Blütenkelch weiß (nicht grün) ist und die Frucht auf leichten Druck etwas nachgibt, ist sie reif. Besser, man pflückt sie etwas zu früh als zu spät, denn sie reift noch etwas nach.
Auberginen schmecken delikat, müssen aber gut gekocht sein – eine zu kurze Kochzeit verdirbt den Geschmack. Gebraten schmecken sie am besten: Längs vierteln, das Fleisch diagonal einritzen, mit reichlich Olivenöl bestreichen und goldbraun braten – mit krümeligem Fetakäse, gehackter Minze und einem Spritzer Granatapfelsirup servieren.

Gegenüber Der Rest der Sommerernte: ein orientalischer Rettich, Knoblauchblüten, Gurken, Zucchini mit Blättern und Blüten sowie Zuckermais

Gewürze aus dem Garten

Koriander ist ein wunderbares Gewürz. Ich säe es mehrfach aus, um ständig damit versorgt zu sein und zwar nicht nur mit den Blättern. Dies sind zwar die zartesten Pflanzenteile, aber auch die Stiele und Wurzeln kann man essen, bevor die Pflanze üppig und zäh wird. Nach dem Wachstum und der Blüte setzt sie saftige, kugelige Samen an.
Allein der Samen wegen lohnt sich Koriander, besonders wenn sie noch jung und grün sind duften sie exotisch. Sobald sie sich rötlich färben, werden sie leicht bitter und dann lasse ich sie an der Pflanze trocknen, um sie später als Gewürz zu verwenden.
Die grünen Samen kommen bei mir in Currygerichte und Kurzgebratenes – nur ein Teelöffel davon verleiht einen exotischen Geschmack. Auch Fenchel- und Dillsamen schmecken frisch oder getrocknet. Die Samen sowie das Kraut von Koriander, Fenchel und Dill passen hervorragend zu gekochten Auberginen.

Was jetzt getan werden muss

Sonnenliebende Pflanzen ins Warme holen

Sofern Paprika, Auberginen, Tomaten und Basilikum in Töpfen stehen und noch Früchte ansetzen, sollten sie jetzt nach drinnen. Tomaten im Gewächshaus oder im Freiland mögen die kalten Nächte ganz und gar nicht, so dass man die Fruchtrispen abschneiden und ins Haus bringen sollte. Die grünen Tomaten werden in der Gemeinschaft mit ihren roten Nachbarn langsam reif und eine überreife Banane in der Nähe wird diesen Prozess noch beschleunigen. Man kann sie an einer Schnur vor dem Fenster aufhängen oder nebeneinander auf die Fensterbank legen, allerdings ohne dass sie sich berühren. Man kann sie auch in einer Kiste in der Speisekammer lagern, aber auch hier ohne gegenseitige Berührung. Eine faulende Frucht könnte sonst die andere anstecken.

Kohlgewächse pflegen

Mit sinkenden Temperaturen wird die Speisekarte für Tauben immer spärlicher und sie werden ganz verrückt nach Kohlpflanzen. Man muss die Pflanzen mit Vlies oder Netzen schützen, besonders wenn sie eine stattliche Größe erreicht haben. Installieren Sie eine Vogelscheuche in der Nähe des Kohls und behängen dazu ein Holzkreuz mit ausrangierter Kleidung. Jede Kleinigkeit kann helfen! Weiterhin sollten von nun an alle gelb werdenden Kohlblätter entfernt werden.

Tipp

Jetzt sollten die Kürbisse vor dem Frost ins Haus geholt und an einem kühlen, trockenen Platz gelagert werden. In meinem Haus landen sie aus Platzmangel meist vor dem Kamin im Wohnzimmer – dieser Platz ist so gut wie jeder andere und sie machen sich dort ausgezeichnet.
Denken Sie über den Kauf von Obstbäumen nach, wenn Sie für einen freien Platz einen permanenten Bewohner suchen. Gepflanzt wird im November.

Sammeln Sie abgefallenes Laub in Plastiksäcken für guten Laubmull.

Oben Blühende Basilikumpflanzen auf der Fensterbank meiner Küche, darunter Griechisches, Zitronen- und Zimtbasilikum
Rechts Die Cherrytomaten liegen in den letzten Zügen.

Mitte Oktober

Erntedankfest

Unsere Kleingartenanlage liegt gegenüber dem Pfarrhaus einer hübschen neugotischen Kirche. Auf der anderen Straßenseite gegenüber der Kirche wiederum ist in einem ehemaligen Kirchengebäude eine Moschee untergebracht. Deren zahlreiche, hauptsächlich männliche Besucher parken auf dem Weg zur Moschee nahe an unserer Gartenanlage. Sie sind freundlich und redselig und interessieren sich beim Vorübergehen stets für mein Gemüse.

An verschiedenen Abenden im Monat treffen sich in der Moschee Gruppen zur Sufi-Meditation. Dabei singen und tanzen die Muslime auch. Sie kommen in smaragdgrünen Gewändern, mit grünen Kopftüchern und kegelförmigen Scheitelkappen. Einmal schaltete ich meinen Rasensprenger an, als gerade eine Gruppe dieser fein gekleideten jungen Herren aus ihren Wagen stieg – sie wurden zwar nicht allzu nass und nahmen es mit Humor, aber ich schämte mich sehr. Wir kamen ins Gespräch und sie luden mich ein, bei Gelegenheit an ihrem Tanzritual teilzunehmen (was ich bisher leider noch nicht wahrgenommen habe). Eine solche Möglichkeit hätte sich mir ohne mein Gärtchen in diesem international durchmischten Stadtteil nie eröffnet. Immer wieder ist es der Garten, der mich mit den Menschen dieses Viertels zusammenbringt.

John, der Pastor der Anglikanischen Kirche, lebt mit seiner Frau Rena und ihren zwei kleinen Kindern gleich gegenüber meiner Parzelle. Sie sind dankbare Abnehmer von überschüssigem Gemüse – Rena stammt aus Uganda und weiß, wie sie beispielsweise vor dem Besuch ihrer Mutter schnell ein vegetarisches Currygericht oder Samosas (Teigtaschen) zubereitet. Rena hält stets ein Auge auf unseren Garten, was überaus praktisch ist. Außerdem ist sie bekannt dafür, die Kinder im Zaum zu halten, die zwischen unserem Garten und ihrem Haus Fußball spielen. »Passt nur auf … Ich kenne eure Eltern!«, droht sie ihnen, sobald der Fußball meinem Gemüse mal wieder gefährlich

Grüne Tomaten

Am Ende der Saison bleiben stets grüne Tomaten übrig. Viele von ihnen reifen über eine längere Zeit nach (siehe Seite 147), jene, die beim Ernten zu jung waren, werden allerdings nicht mehr rot. Doch grüne Tomaten sind für sich genommen einzigartige Früchte. Sie sind fest, herb und fallen beim Kochen nicht gleich zusammen. Deshalb eignen sie sich gut für Chutneys und zum Braten. Stücke oder Scheiben in Öl mit Salz und Pfeffer braten, am Ende in Zucker und Essig etwas karamellisieren lassen, bei Bedarf gehackten Knoblauch und Kräuter darüberstreuen. Ergeben mit Eiern und gebuttertem Toast ein köstliches Frühstück.
Es gibt kein leichteres Rezept als das für gebratene grüne Tomaten aus dem Süden der USA (siehe Seite 167).

Gegenüber Das Ende der Ernte: Mais, Bohnen, Tomaten und Fenchel mit der schmackhaften Wurzel neben einer duftenden Rose

Oben und rechts Die Spargelwedel verfärben sich zur Herbstmitte gelb und sollten dann abgeschnitten werden.

»Aus abgeernteten Maispflanzen und dem Laub von Spargel, Fenchel und leuchtenden Mangoldblättern lassen sich majestätische Gestecke binden.«

nahe kommt. John ist so etwas wie ein Rock-'n'-Roll-Pastor – er trägt eine lederne Motorradjacke, obwohl er das Motorradfahren aufgegeben hat, als die Kinder kamen. Sein Vater war Bischof und er gibt zu, dass er recht lustlos in dessen Fußstapfen getreten ist. Anders als sein Bruder, der als Sänger und Tänzer im West End arbeitet.

In jedem Jahr findet Mitte Oktober in der Kirche ein Erntedankfest statt. Dann wird die Gemeinde aufgefordert, eine Woche im Voraus Essen für gemeinnützige Zwecke zu spenden. In den letzten Jahren hat John mich immer gebeten, ein Kleingarten-Gesteck für den Altar zu binden, damit dort nicht nur Bohnenkonserven und Schokoladentafeln liegen. Voller Begeisterung belade ich jedes Mal eine Schubkarre mit den meist welken Trophäen des Sommers. Aus abgeernteten Maispflanzen und dem Laub von Spargel, Fenchel und leuchtenden Mangoldblättern lassen sich majestätische Gestecke binden, zusammen mit Kürbis, vereinzeltem Wurzelgemüse und ein paar Rosenblüten. Es ist ein passendes Lebewohl an die üppige Saison.

Was jetzt getan werden muss

Spargelwedel abschneiden

Wenn sich die Wand aus Spargelwedeln gelb färbt, schneide ich sie so ab, dass die Stümpfe 3–7 cm aus der Erde herausstehen. Danach sollte man die Fläche gründlich von Unkraut befreien und mit Kompost bedecken.

Auf Wiedersehen, Bohnenstangen

Die Stangenbohnen können lange zum Trocknen auf dem Gestell bleiben, aber jetzt kommt die Zeit, in der man dieses traurige Durcheinander abnehmen sollte. Wenn man die Bohnenstangen wiederverwenden möchte, gehören sie über den Winter in ein trockenes Lager. Die Wurzeln sollten im Boden bleiben, das vertrocknete Grün wandert auf den Kompost. Jede vergessene Bohnenhülse dürfte perfekt getrocknete Bohnen enthalten, die man einweichen und kochen oder zur Aussaat im kommenden Jahr verwenden kann.

Tipp

Bereiten Sie ein Beet für die Zwiebelpflanzen vor und graben Sie Kompost unter. Bald kommt die Zeit zum Setzen von Knoblauch und Überwinterungszwiebeln.

Machen Sie ein Beet fertig für eine Reihe überwinternder Dicker Bohnen (siehe Seite 30).

Sammeln Sie weiter abgefallenes Laub in großen Plastiksäcken für guten Laubmull.

Zwiebeln und Schalotten

Zwiebeln bilden die Geschmacksgrundlage guten Essens, besonders in der vegetarischen Küche. Allein der Duft von geschmorten Zwiebeln regt den Appetit an und lockt Menschen in die Küche. Schalotten schmecken etwas milder.
Frisch aus dem Boden gezogene Zwiebeln können deutlich schärfer sein und schneller Tränen hervorrufen als abgelagerte. Hiergegen werden gerne Hausmittel empfohlen, die angeblich helfen, wie einen Ventilator einzuschalten, eine Kerze anzuzünden oder einen Silberlöffel in den Mund zu stecken.
Während des Dünstens und Bratens sollte man die Zwiebeln nicht salzen, weil ihnen das Feuchtigkeit entzieht und sie an Zartheit verlieren. Je langsamer man sie andünstet, desto milder werden sie. Ein Löffel Zucker und eine Erhöhung der Hitze gegen Ende lässt sie karamellisieren. Probieren Sie geröstete Zwiebeln und Schalotten mit Thymian, etwas Essig, Gewürzen und Öl.

Kürbis

Kürbisse tragen nicht immer orangefarbene Früchte. Seit meiner ersten Saison baue ich eine karibische Sorte an, deren Fleisch orange und deren Schale hellgrün ist. Wenn ein Kürbis für seine Größe schwer erscheint, hat er festes, samtiges Fleisch, was zum Kochen am besten ist. Es gibt dem Essen eine einzigartige Struktur und einen süßen Geschmack. Die meisten Kürbissorten sind lange haltbar – sie können ein Teil des Weihnachtsessens werden oder noch länger halten.
Zum Verarbeiten braucht man ein großes Messer und kräftige Arme. Am Stielansatz halbieren und dann mit einem Löffel die Häute und Kerne ausschaben. Sie sollten zum Verzehr (siehe Seite 167) oder zur Aussaat aufbewahrt werden.
Nachdem man den Kürbis in grobe Stücke geschnitten hat, schält man ihn – mit Ausnahme des Hokkaidokürbisses, dessen Schale verzehrt werden kann. Kürbis schmeckt am besten, wenn man die Stücke in Öl anbrät.

Ende Oktober
Ab ins Bett

Wenn ich an meinem Kleingarten vorbeigehe, werfe ich oft einen schnellen Kontrollblick darauf. Als ich einmal zwischen den Zaunpfosten hindurchschaue, spricht mich ein Mann an. »Einige Leute kümmern sich ja gar nicht mehr um ihren Garten, was?« Er hatte soeben den Garten meines Nachbarn Fred in Augenschein genommen, der sauber manikürt, unkrautfrei und feinkrümelig geharkt daliegt – und dann sah er unseren. Es stimmt, verglichen mit Freds Garten ist unserer eine Blamage. Aber die Tage sind jetzt schon sehr kurz und ich bin etwas nachlässig im Aufräumen. Etwas gekränkt von der Bemerkung des Fremden bin ich fest entschlossen, am nächsten Tag früh aufzustehen und hart zu arbeiten.

Am Ende der Sommerzeit bleibt immer noch eine Flut von Gemüse übrig. Jetzt scheint der passende Moment gekommen zu sein, mit feierlichem Eifer zu Werke zu gehen. So pflücke ich die letzten Bohnen und baue das Gestell ab, was ein wahres Loch in meinem Garten hinterlässt. Müde Sonnenblumen, durchscheinende Rhabarberblätter und abgemagerte Kürbispflanzen treten ihren Gang zum Kompost an.

Ich habe vor, ein »Bienenhotel« zu bauen, als Winterquartier für nützliche Insekten. Im Internet habe ich großartige Beispiele dafür gesehen. Hohle Stiele, Zweige, Stroh, Kiefernzapfen, Steine und sämtliches trockenes Schnittgut eignen sich, um meine urbane Wildnis zu ergänzen. Während viele Bienen und Insekten ihr Domizil schon bezogen haben, suchen andere noch nach einer Bleibe. Und allen, die im Frühjahr zur Eiablage kommen, möchte ich jetzt schon eine Unterkunft bauen. Daher lege ich brauchbares Material zur Seite und informiere mich im Internet weiter über eine passende Konstruktion.

Gegenüber Vertrocknete Bohnenpflanzen kommen in die Komposttonne. Ein paar habe ich für mein geplantes »Bienenhotel« beiseitegelegt.

Oben Zusammengeflochtene rote Zwiebeln nach dem Trocknen
Links Kleine Zweige fördern die luftige Struktur des Komposts, aber es sollten nicht zu viele sein.

Was jetzt getan werden muss

Überwinternde Dicke Bohnen aussäen

Auch wenn es noch dauern wird, die Dicken Bohnen verprechen, dass der nächste Frühling kommen wird, auch wenn erst einmal der Winter ins Haus steht. Es heißt, dass überwinternde Dicke Bohnen weniger anfällig für die Schwarze Bohnenlaus seien als im Frühjahr gesetzte. Leider habe ich noch keine praktische Erfahrung damit. Und nichts ist hundertprozentig sicher – wenn das Wetter sehr feucht ist, können die Bohnen verfaulen, bevor sie aufgehen, oder sie werden von Mäusen gefressen. Für diese Fälle kann man zusätzlich daheim Bohnen in Töpfe oder Toilettenpapierrollen säen (siehe Seite 30–31). Ein Folientunnel bietet einen guten Schutz, wenn die Pflanzen draußen gekeimt sind.

Halloween-Kürbisse

Als Amerikanerin im Ausland ist das Schnitzen einer Kürbislaterne zu Halloween für mich ein jährliches Ritual. Wenn die Kürbisernte nicht so üppig ist, plädiert Dan dafür, keinen von unseren eigenen dafür zu opfern. Die besten Sorten für einen Halloween-Kürbis sind die kugeligen, orangen mit blassem, wässrigem Fleisch und einer relativ dünnen Schale, was das Schnitzen vereinfacht. Sie schmecken bei weitem nicht so gut wie ihre festfleischigen Verwandten und so bieten sie sich für eine Laterne geradezu an.

Egal ob gekauft oder selbst gezogen – das Aushohlen dieser furchteinflößenden Gemüsekugeln ist eine schöne Beschäftigung. Wenn man eine Alufolie an der Innenseite des Deckels befestigt, wird die Kerze den Kürbis nicht anbrennen. Hat man eine schmackhafte Kürbissorte ausgehöhlt, sollte man sie am Tag nach Halloween auswaschen und kochen. Manch einem wird es aber auch ein aufregendes Vergnügen sein, im Garten das wochenlange Vergehen des Kürbisses zu feinem Kompostfutter zu beobachten.

Tipp

Weiter Laub in Plastiksäcken für Laubmull sammeln. Getrocknete Zwiebeln aneinanderflechten und an einem dunklen, trockenen Ort aufhängen.

Winterkürbis

Hier ist die Rede von hartschaligen, Samen tragenden Kürbissorten wie Butternut, Acorn, Kaboucha oder Gelber Zentner. Auch Crown Prince ist eine gängige Sorte. Sie alle werden wie jeder andere Kürbis zubereitet.

Eine Ausnahme bildet der Spaghettikürbis, dessen faseriges Fleisch nach dem Erhitzen aus der Schale gekratzt wird. Löchern Sie den Kürbis dazu an verschiedenen Stellen, damit es zu keiner Explosion kommt. Er kommt bei mittlerer Hitze in den Backofen, bis er zart ist, oder bei höchster Stufe (5 Minuten pro 500 g) in die Mikrowelle. Dann lässt sich die Schale leicht durchstoßen. Gut abkühlen lassen, längs halbieren, die Samen vorsichtig auslöffeln und dann mit einer Gabel die Strähnen in eine Schüssel ziehen. Wieder erhitzen, Salz und Butter einrühren, eine dicke Tomatensoße oder Pesto dazugeben und mit Käse bestreuen.

Curry mit grünen Tomaten

Ein schnelles, cleveres Curry nach indischer Art. Dort gibt man halbierte Chilischoten dazu – das gibt dem Essen einen subtilen Pfiff und erlaubt allen Liebhabern feurigen Essens, an den scharfen Schoten zu knabbern.

- 1 TL frische oder getrocknete Koriandersamen
- 2 TL Kuminsamen
- 4 Knoblauchzehen (bei alten Zehen den bitteren Keim entfernen)
- 1 Prise grobes Meersalz

- 4 EL Raps- oder Sonnenblumenöl
- 50 g rohe Cashewkerne
- 1 TL braune Senfsaat
- 2 große Zwiebeln (ca. 400 g), in feine Scheiben geschnitten
- 600 g grüne Tomaten, in mittelgroße Stücke geschnitten
- 2 cm langes Stück frischer Ingwer, fein gehackt
- 1 TL Kurkuma
- 1 EL ungesüßte Kokosraspeln
- 3–4 kleine, frische Chilischoten, längs halbiert
- Meersalz und frisch gemahlener schwarzer Pfeffer

- 250 ml Naturjoghurt
- Korianderblätter
- Als Beilage Reis

Die Koriander- und Kuminsamen mit Knoblauch und Salz in einem Mörser zu einer Paste zerstoßen. Beiseitestellen. Einen kleinen Teller mit Küchenpapier zum Abtropfen der Cashewkerne bereitstellen. Einen Wok oder eine große Pfanne bei mittlerer Hitze erhitzen, das Öl und dann die Cashewkerne dazugeben und kurz goldgelb rösten. Mit einem Schaumlöffel aus dem Wok nehmen und auf dem Küchenpapier abtropfen lassen.

Den Wok wieder erhitzen und die Senfsaat hineingeben. Sobald die Körner aufplatzen, die Zwiebeln einrühren und kräftig dünsten, bis sie weich und etwas karamellisiert sind. Die grünen Tomaten dazugeben und 3–5 Minuten braten, bis sie heller werden. Dann Ingwer, Kurkuma, Kokosraspeln, Chilischoten, Salz und Pfeffer und zuletzt die Knoblauchpaste einrühren. Umrühren, bis sich ein intensiver Duft entwickelt, dann den Wok vom Herd nehmen, schnell den Joghurt unterrühren, bis er mit den anderen Zutaten eine Masse bildet und zugedeckt zwei Minuten ziehen lassen. Abschmecken und über den Reis geben, mit den Cashewkernen und den Korianderblättern bestreuen.

Ergibt 4–6 Portionen

Geräucherter Auberginensalat

Wenn Sie Auberginen mögen, werden Sie dieses Gericht lieben. Man kann es über einer Gasflamme oder auf einem Gas- oder Holzkohlengrill zubereiten.

Für den Salat
- 2 mittelgroße Auberginen
- 1 kleine Avocado
- 250 g Cherrytomaten, halbiert
- ½ rote Zwiebel, fein geschnitten
- ½ Gurke, fein geschnitten
- 1 große Möhre, geschält und geraspelt
- 1 Handvoll frische Minzblätter
- 1 Handvoll Korianderblätter, Stiele gehackt
- 2 Stängel Zitronengras, fein geschnitten (optional)
- 2 Kaffernlimettenblätter, fein geschnitten (optional)
- 2 Handvoll geröstete Cashewkerne, grob gehackt

Für das Dressing
- 4 EL helle Sojasoße
- 4 EL frischer Zitronensaft
- 3 EL brauner Zucker
- 1 Knoblauchzehe, gepresst
- 1–2 rote oder grüne Chilis, fein gehackt

Zuerst die Auberginen räuchern. Dazu jede Aubergine mithilfe einer Metallgabel über eine hohe Gasflamme halten und drehen, bis sie weich ist. Die Haut sollte schwarzfleckig werden und aus den Gabellöchern sollte es qualmen. Auf einem Teller abkühlen lassen. Wenn Sie den Duft zu durchdringend finden oder keine Gasflamme haben, können Sie die Auberginen auch im Backofen rösten: ein paar Löcher einstechen und bei 220 °C in einer Backform erhitzen, bis sie weich sind.

Wenn die Auberginen etwas abgekühlt sind, die Stiele abschneiden und die verkohlte Schale abziehen. Ein paar schwarze Flecken bleiben dran und unterstützen den Geschmack. In lange Streifen schneiden und beiseitestellen. Für das Dressing alle Zutaten kräftig mischen, bis sich der Zucker vollständig aufgelöst hat.

Die Avocado halbieren und den Stein entfernen, mit einem Teelöffel das Fleisch aus der Schale holen oder die Avocado schälen und in Scheiben schneiden. Mit den übrigen Salatzutaten auf einer Servierplatte oder einzelnen Tellern arrangieren. Das Dressing über den Salat geben und mit Cashewkernen bestreuen. **Ergibt 4 Portionen**

Gebratene grüne Tomaten

Es gibt kein einfacheres Rezept für grüne Tomaten als dieses aus dem Süden der USA.

Größere grüne Tomaten in 1 cm dicke Scheiben schneiden. Jede Scheibe in Mehl wälzen, kurz schütteln, dann in eine Schüssel mit geschlagenen Eiern tauchen, anschließend in gewürzter Polenta wenden. In mehreren Schüben braten und mit einer Zange wenden, bis die Tomatenscheiben auf beiden Seiten goldbraun und knusprig sind. Auf Küchenpapier abtropfen lassen, mit Salz bestreuen und heiß servieren.

Kürbiskerne

Man kann sie als Snack knabbern oder als knackige Garnierung auf Salate oder Kürbissuppen streuen.

Die Samen in einem Sieb abspülen und sie dabei von ihren dünnen Häutchen befreien. Auf Küchenpapier trocknen lassen. Dann in einer Schüssel mit Öl und etwas Salz wenden und im Backofen rösten, bis sie goldbraun werden und die Schalen platzen.

Kürbispastete

Diese mit Käse und Kürbis gefüllte Tarte sieht aus wie eine riesige, runde Cornwall-Pastete – daher der Name des Rezepts. Man braucht keine Backform.

- 1,5 kg Kürbis (Gewicht nach Zubereitung), geschält und in grobe Stücke geschnitten
- 2 EL + 1 TL Rapsöl oder Olivenöl
- Meersalz und frisch gemahlener Pfeffer
- 8 Knoblauchzehen, längs halbiert
- 4 Zweige Rosmarin, Blättchen grob gehackt
- 100 g Gruyère- oder Cheddar-Käse, in 1 cm große Würfel geschnitten
- ½ TL Fenchelsamen
- 1 geschlagenes Ei

Für die Pastete

- 270 g Weißmehl und etwas Mehl für die Arbeitsfläche
- 150 g gekühlte Butter in Würfeln
- ½ TL Salz
- 2 Eier
- 4 EL Naturjoghurt

Tipp Für die Verarbeitung von Kürbis ist ein großes, scharfes Messer nötig. Vom Stiel an den ganzen Kürbis halbieren. Die Samen herausschaben, dann den Kürbis in große Stücke schneiden und die Schale abschneiden. Nun in kleinere Stücke schneiden.

Den Backofen auf 220 °C vorheizen. Das Backblech mit Backpapier belegen und die Kürbisstücke darauf verteilen. Die Stücke per Hand mit 2 Esslöffeln Öl einreiben. Mit Pfeffer und Salz bestreuen und 30 Minuten backen.

Knoblauch und Rosmarin in einer Schüssel mit 1 Teelöffel Öl ummanteln. Dies über die halbgaren Kürbisstücke streuen. Weitere 25–30 Minuten backen, bis der Kürbis weich und goldfarben ist – etwas verkrustete und verkohlte Teile bereichern den Geschmack. Aus dem Backofen nehmen und abkühlen lassen.

Währenddessen Mehl, Butter und Salz in eine Küchenmaschine geben. Zu einer krümeligen Konsistenz verrühren – alternativ mit den Händen vermengen. Zusammen mit den Eiern und dem Joghurt in der Küchenmaschine einen Teig herstellen, nicht zu lange rühren. Eine glatte Fläche mit Mehl bestäuben und den Teig darauf zu einer Kugel rollen. Kugel in zwei Hälften teilen, in Frischhaltefolie hüllen und mindestens eine Stunde im Kühlschrank kalt stellen.
Den abgekühlten Kürbis in eine Schüssel geben. Mit einer Gabel grob zerdrücken und mit Käsewürfeln und Fenchelsamen verrühren.

Den Ofen auf 180 °C vorheizen, ein Backblech mit Backpapier belegen. Auf einer mit Mehl bestäubten Fläche eine Teighälfte zu einer 28 cm großen Kreisform ausrollen und auf das Backblech legen. Die zweite Hälfte zu einem 30 cm großen Kreis ausrollen. Die Füllung auf dem Teigboden verteilen und einen Rand lassen. Den Teigdeckel darauflegen, den Rand des Bodens über den Deckel falten und zum Verkleben fest andrücken. Mit den Fingern einen gewellten Rand formen.

Das Ei schaumig schlagen und damit die Tarte bestreichen. Mit einer Gabel die Oberfläche mehrfach einstechen. Auf mittlerer Schiene 45 Minuten backen. Wenn die Glasur zu dunkel wird, das Backblech auf die unterste Schiene schieben. Heiß oder lauwarm servieren. **Ergibt 6 Portionen**

NOVEMBER	DRINNEN / UNTER GLAS	DRAUSSEN IN GARTENERD
Äpfel		
Birnen		
Blumenkohl		
Brokkoli (Sprossbrokkoli)		
Dicke Bohnen		★
Fenchel		
Frühlingszwiebeln		
Grünkohl		
Knoblauch		★
Kohl (Winter)		
Kürbis		
Lauch		
Mangold	★	
Möhren		
Obstbäume		★
Orientalisches Gemüse	★	
Pastinake		
Rosenkohl		
Rüben, Weiße		
Rucola	★	
Salat/Salatblätter	★	
Sellerie		
Spinat	★	
Steckrüben		
Winterkräuter		
Zwiebeln/Schalotten		★

FÜR GEFÄSSE GEEIGNET	JETZT ERNTEN	REZEPTE UND WEITERE INFOS
★	★	Tarte mit Äpfeln + Thymian, 150; siehe 147
★	★	Birnen auf Schokoladenkuchen, 184
★	★	Blumenkohlsuppe mit Kokosmilch, 182; s. 172, 183
★	★	Risotto aus Sprossbrokkoli + Graupen, 39; siehe 35
★	★	Bohnen-Tabouleh, 92; siehe 68, 75, 113
★	★	Siehe 140
★	★	Grüne Suppe, 57; siehe 61, 72, 92, 112, 131
★	★	Safran-Reis-Brühe mit Wintergemüse, 38; siehe 42
★		Bohnen-Knoblauch-Püree, 113; siehe 39, 55, 75, 100
★	★	Salat aus Steckrüben + Rotkohl, 200; siehe 191
★	★	Kürbispastete, 169; siehe 124, 149, 162, 165, 167
★	★	Siehe 24, 45
★	★	Kuku mit Ampfer + Mangold, 36; siehe 32, 39, 57
★	★	Siehe 167, 179
★		Siehe 181
★		Siehe 181
★	★	Pastinaken-Erbsen-Suppe, 202; siehe 193
★	★	Pikanter Rosenkohl, 203; siehe 27, 42, 195
★	★	Siehe 180
★	★	Grüne Suppe, 57; siehe 46
★	★	Dicke Bohnen mit Salat, 75; siehe 57, 63
★	★	Selleriegratin mit Steinpilzen, 182; siehe 175
★	★	Siehe 32
★	★	Salat aus Steckrüben + Rotkohl, 200; siehe 197
★	★	Siehe 150, 169, 198
★	★	Siehe 36, 39, 75, 161

Anfang November
Ode an die Kohlgewächse

Die Bäume zeigen nun ihre dunklen, nackten Äste. Jeden Tag legt sich ein weiteres Laken trockener Blätter über den Garten, was dem Komposthaufen und den Säcken mit Laubmull zugutekommt. Hin und wieder schneide ich noch die ein oder andere pink blühende Rose von den Sträuchern, aber alles nimmt nun zunehmend bernsteinfarbene und braune Töne an.

Durch diese Farbstimmung zieht sich eine Schneise von blaugrünem Laub – die beeindruckenden Kohlgewächse kommen jetzt voll zur Geltung. Diese Könige des Gemüsebeets reagieren auf die feuchte Kälte wie auf eine Dosis Viagra. Sie bleiben standhaft, als würden sie sagen: »Winter? Der kann ruhig kommen!« Der Frost fördert den Geschmack des Kohls und ersetzt die Bitterstoffe durch Süße. Unverwüstlich wirken die Gestalten jetzt. Unkräuter können nicht mithalten, Vögel haben kein Interesse an ihnen, die kräftigen äußeren Blätter schützen das Herz vor Schnecken. Es stimmt, Kohl ist hungrig, entzieht dem Boden reichlich Nährstoffe und nimmt lange Zeit viel Platz ein. Aber die Kohlarten revanchieren sich außer durch ihren wunderbaren Geschmack auch durch eine Fülle gesunder Inhaltsstoffe wie Eisen, Ballaststoffe, Vitamine, Antioxidantien und krebshemmende, phytochemische Verbindungen. Und nicht zuletzt ist Kohl aufgrund seiner auffälligen »Architektur« sehr willkommen im kahler werdenden Garten.

Beim Zubereiten gilt es, den Kohl möglichst kurz zu kochen, um seine frischen Farben zu bewahren und ihn mild und bissfest zu lassen. Langes Kochen setzt die bitteren, schwefelhaltigen Stoffe frei.

Blumenkohl

Dieses Kohlgewächs kann fast das ganze Jahr über gezogen werden und ist besonders im Winter willkommen, wenn die Üppigkeit des Gartens längst vergangen ist. Ein Nachteil liegt in dem Platz, den Kohl eine ganze Saison lang für sich beansprucht.

Ich überlasse die Pflanzen meist sich selbst, gieße sie, verabreiche ihnen etwas Kompost und werde dann mit ein paar Köpfen belohnt. Bevor sich die »Knospen« teilen, wird er geerntet. Die großen Blätter der Pflanze können nach innen geklappt werden, um die Sommersorten vor Sonne und die Wintersorten vor Frost zu schützen. Die Blätter sind essbar.

Zu sanft gekochtem Blumenkohl passt eine Käsesoße mit Senf, aber auch asiatische Gewürze wie Curry und Nüsse. Im Wok oder Backofen kann man Kohl auch leicht anrösten. Und schließlich schmeckt eine Suppe aus Zwiebeln, Knoblauch, Blumenkohl, Kardamom und Kokosmilch sensationell (siehe Seite 182).

Gegenüber, im Uhrzeigersinn Regentropfen auf einem Brokkoliblatt; Roter Grünkohl; Toskanischer Palmkohl; Roter Grünkohl

»Je größer die Knoblauchzehe, desto größer die daraus entstehende Knolle.«

Oben und links Knoblauchzwiebeln hängen zum Trocknen im Gewächshaus.

Was jetzt getan werden muss

Knoblauch pflanzen

Knoblauch profitiert ebenfalls von einer kurzen kalten Phase, während er im Boden ist. Daher wird es jetzt Zeit, ihn ins Freiland oder in einen großen Topf zu stecken. In Dutzenden Sorten gibt es Knoblauchzwiebeln, aus deren einzelnen Zehen wieder ganze Knollen werden. Am besten geht man zum Gemüsehändler und besorgt sich dort Knoblauch zur eigenen Vermehrung. Das ist günstiger als beim Samenhandel, allerdings kann man auch Pech haben und eine Sorte erwischen, die sich für das lokale Klima nicht eignet. Eine Knolle besteht aus zwölf und mehr Zehen – das Pflanzen ist denkbar einfach. Die einzelnen Zehen mit dem Wurzelende etwa 5 cm tief und in Abständen von 10–15 cm in den Boden stecken. Generell gilt, je größer die Knoblauchzehe, desto größer die daraus entstehende Knolle. Nach etwa acht Monaten werden die Knollen fertig sein und zum Bestandteil vieler wunderbarer Sommer- und Herbstgerichte werden. Weitere Zehen kann man im zeitigen Frühjahr setzen.

Laubmull produzieren

Das seit Beginn dieses Monats herabfallende Laub sollte zusammengeharkt und in dunkle Plastiksäcke gepackt werden. Dann werden die Säcke an verschiedenen Stellen perforiert und irgendwo dort, wo sie nicht stören, abgestellt (vorzugsweise am Tageslicht). Nach einem Jahr werden sie verrottet sein und zwar keinen schönen Anblick, aber kostenloses, organisches Material bieten. Man kann die Blätter auch in einzelnen Schüben auf den Komposthaufen bringen, was gut für seine Struktur ist.

Sollten Sie keinen Zugang zu eigenem Laub haben, können Sie bei einer Kirche oder Schule danach fragen. Meist ist dort jemand für das Laubsammeln zuständig und wird Ihnen Laub vielleicht sogar in Säcken verpackt geben.

Sellerie

Ein großer Teil des Selleries wächst oberhalb der Erde. Tief in die Erde hinein reicht ein Gewirr dünner Wurzeln, während die Knolle eine hohe Krone grüner Triebe und Blätter trägt, die derer ihrer Verwandten, Staudensellerie und Petersilie, ähnelt. Sellerie ist so etwas wie ein Troll in der Gemüsewelt und rangiert in der Attraktivitätsskala weit hinten: Er ist warzig, behaart und runzelig.
Aus dem Boden geholt, schneidet man die Wurzeln ab und dann die Blätter, die streng schmecken und sich für eine Brühe eignen. Die Knolle waschen und die knubbelige Schale abschneiden.
Trotz des geringen Stärkegehalts hat Sellerie nach dem Kochen eine cremige Konsistenz und passt wunderbar in Suppen, besonders in Kombination mit sauren Zutaten wie Apfel oder Orange. Er lässt sich auch gut mit Kartoffeln und Butter zerkneten. Mit Mayonnaise, etwas Senf, Essig und Kapern püriert und voilà – schon haben Sie eine französische Remoulade.

Birnen

Jedes Jahr erfreue ich mich an einigen Birnen – aber nicht von meinem eigenen Baum oder dem eines Kleingartennachbarn: Der Ast eines Baumes, der in einem Garten außerhalb der Anlage steht, hängt über meine Parzelle. Die Garteninhaber kommen an die Birnen nicht heran – und warum sollte ich diese dann nicht nutzen? Birnen schmecken wunderbar als Ganzes in Rotwein (besonders Chianti) mit Zucker und Gewürzen pochiert, oder halbiert in einer dunklen Schokoladentarte.
Neben dem rohen Verzehr mag ich sie gerne pikant, besonders mit Käse. Eine der besten Salatkombinationen besteht aus einem Rucolabett, belegt mit Birnenscheiben und besprenkelt mit Zitronensaft, darüber krümeliger Roquefort, ein paar gehackte Walnüsse und ein Senfdressing. Die etwas grobe Struktur von Birnen gibt zudem Suppen eine besondere Note (siehe das Rezept auf Seite 202).

Mitte November
Schmutziges Wochenende

Da wir selten harten Frost in London haben, habe ich es nie erlebt, sich mit einer Grabegabel an gefrorenem Boden zu versuchen. Jedes Frostwetter eignet sich hier zum Umgraben, um damit eine gesunde Bodengare zu fördern. Mein Mantra lautet: Nähre den Boden und der Boden wird dich nähren. Es ist zwar eine Daueraufgabe, aber Mitte November mit häufigem Frost ist eine ideale Zeit dafür. So nutzten Dan und ich ein trockenes Wochenende (die nun immer seltener werden) zum Graben, Graben und Graben – um die Erde aufzubrechen und zu düngen.

Im ökologischen Gartenbau gilt die Lehrmeinung, nicht umzugraben und stattdessen die Erde mit viel reifem Kompost zu bedecken. So soll das komplizierte Gangsystem der Regenwürmer geschützt werden, damit sie problemlos den frischen Kompost in den Boden ziehen können. Das ist eine wundervolle Theorie, aber für uns urbane Gärtner funktioniert sie nicht. Uns fehlen dazu der Platz und die Zeit, außerdem erfordert es viel zu viel organisches Material, das sehr teuer ist, wenn man es kaufen muss.

Zusätzlich zu unserem selbst produzierten Kompost und Laubmull kaufen wir dennoch in begrenztem Umfang reifen Kompost von einem regionalen Anbieter. Dies alles verteilen wir gleichmäßig über die Beete. Das Einharken dauert einige Stunden, unterbrochen von Pausen mit Tee aus der Thermoskanne. In der Dämmerung trotten wir nach Hause, wo ein heißer Grog und eine warme, dicke Suppe warten.

Gegenüber oben Gartenwerkzeug
Gegenüber unten Mein bester Freund, der Regenwurm

»Mein Mantra lautet: Nähre den Boden und der Boden wird dich nähren.«

Was jetzt getan werden muss

Umgraben und entsorgen

Außer den Beeten mit Kohl, Lauch und dem letzten Wurzelgemüse gibt es nun viele leere Stellen im Gemüsegarten. Kaltes Wetter und gelegentlicher Frost ist im Anmarsch, so dass jetzt ein passender Zeitpunkt dafür ist, Nährstoffe einzuarbeiten. Diese sind in gut verrottetem Mist, Laubmull oder Kompost. Man streut das organische Material über die Fläche und gräbt es einen Spatenstich tief ein. Den Boden kann man in groben Klumpen liegen lassen, denn Wetter und Würmer besorgen den Rest. Nassen Boden umzugraben schadet mehr, als es nützt. Besonders in Lehmböden sollte man sich diese anstrengende (aber auch Kalorien verbrennende) Arbeit für trockene Perioden aufheben. Gefrorenen Boden umzugraben ist ebenfalls zu mühsam. Wenn Sie aus irgendeinem Grund den Boden nicht umgraben können, verteilen Sie den verfügbaren Kompost und lassen die Würmer die Arbeit machen. Das ist besser als nichts.

Abgestorbene Pflanzen in Töpfen können jetzt auf den Kompost. Auch ein Teil der Erde aus den Töpfen kann auf den Kompost, je nach Größe von Topf und Komposthaufen. Gebrauchte Erde sollte im Komposthaufen nicht überhandnehmen, steckt aber voller nützlicher Mikroorganismen. Im nächsten Jahr startet man dann mit frischer Komposterde und es heißt raus mit der alten, rein mit der neuen Erde. Idealerweise sollten die Töpfe jetzt ausgewaschen, getrocknet und gelagert werden. Provisorische Gefäße wie Kartoffelsäcke aus gewobenem Kunststoff oder große Konservenbüchsen können in die Recyclingtonne oder für das nächste Jahr gesammelt werden.

Möhren

Je nach Sorte kann man Möhren von Ende Mai bis zum Ende des Winters aus dem Boden ziehen. Frühe Möhren sind süßer und sollten klein und roh gegessen werden, während späte Sorten etwas holziger werden, aber dennoch stets willkommen sind. Möhren werden gerne von der Möhrenfliege heimgesucht, die sie mit ihren Gängen zerfurcht, aber sonst sind sie leicht zu ziehen. Ihre erdige Süße und ihr Duft, wenn man sie frisch gezogen hat, sind eine Offenbarung. Fremdartig gefärbte, alte Sorten feiern ein Comeback. Gedrungene Sorten wie oben im Bild eignen sich für schwere Böden. Möhren schmecken gut zu süßen und sauren Früchten wie Orangen, Aprikosen und Sultaninen. Man würzt sie mit Zimt, Muskatnuss oder Koriander. Für mich schmeckt Möhrensaft wie süße Milch. Versuchen Sie einmal in Möhrensaft saisonales Gemüse mit den genannten Gewürzen zu kochen – Sie werden begeistert sein von dem intensiven Aroma.

Gegenüber Eine Rucolablüte im Wassertrog

Rüben

Steckrüben und Weiße Rüben werden gelegentlich verwechselt. Als Wurzelgemüse gehören beide zur Kohlfamilie, sind aber unterschiedlich zu handhaben (siehe Seite 197). Kleine Weiße Rüben in Golfballgröße sind eine Delikatesse und früher zu ernten als Steckrüben. Selbst ältere Weiße Rüben geben Gerichten einen feinen Geschmack und sind von leichter Substanz, während Steckrüben streng-süßlich schmecken und gekocht mürbe werden.
Mit Rüben kann man alles machen, was einem zu jedem anderen Wurzel- oder Kohlgemüse in den Sinn kommt – kochen, dünsten, sautieren, braten, pürieren oder grillen. Sie schmecken auch roh: geraspelt mit einem scharfen, süßsauren Dressing aus Zitronensaft, Honig und Chili oder Ingwer, vielleicht mit etwas Knoblauch dazu. Die grünen Pflanzenteile kann man dünsten oder kurz braten.

Ende November
Zeit sich auszuruhen!

Ein steifer Wind pfeift durch die Gartenanlage, als ich sie besuche. Glücklicherweise gibt es jetzt nichts, was unbedingt getan werden muss – eine gute Seite des bevorstehenden Winters. Alle Kulturpflanzen in meinen Beeten – Wurzelgemüse, Kohl, Mangold und Zwiebelgewächse – mögen das kalte Wetter. Unkraut stellt keine Konkurrenz mehr dar, die meisten Schädlinge sind lange hinüber. Schnecken sind zwar noch da, aber bei weitem nicht mehr so hungrig. Gewächshaus und Frühbeetkasten sind leer und halten Winterschlaf. Alles ist ruhig, nur eine Taube meldet sich mit einem hungrigen Blick auf das Kohlbeet, das ich allerdings mit einem Netz und einer Vogelscheuche geschützt habe.

Wir waren neulich auf Pilzsuche in der Umgebung, sind aber mit leeren Händen heimgekehrt, weil wir uns bei unseren Funden nicht hundertprozentig sicher waren, ob man sie wirklich essen kann. Dafür haben wir einen Beutel voller Maronen gesammelt, die ich eingeritzt und im Backofen geröstet habe. Die meisten haben wir geschält und gegessen, aber einen Teil habe ich eingefroren – wer weiß, wofür ich sie noch brauche.

Meine Energie konzentriere ich zurzeit auf den Herd, zumal dies im November ein angenehmer Platz ist. Die Ernte der kalten Monate ist reichlich, nahrhaft und farbenprächtig. Ich habe mich für neue Rezeptideen an die kulinarischen Traditionen der nördlichen Hemisphäre gehalten – Variationen des ukrainischen Borschtsch, herzhafte Pasteten und Eintöpfe aus Wurzelgemüse, Lauch, gerösteten Zwiebeln, Kräutern und Mangold haben die Speisekarte erobert.

Gegenüber Mein treuer Mangold hält den ganzen Winter über.

Orientalisches Gemüse

Pak Choi, Choi Sum und Chinakohl können jetzt auf dem Speiseplan stehen, sofern man sie im August oder September ausgesät und vor Vögeln und Schnecken geschützt hat. Junge Blätter von Senf und Tatsoi können für Salat oder Kurzgebratenes geerntet werden. Je älter sie werden, desto schärfer schmecken sie.
Pak Choi und Chinakohl entwickeln saftige Blattstiele. Beide bergen häufig feines Sediment (anders als die aus dem Supermarkt, die oft mit Nährlösungen angezogen werden), so dass man sie vor dem Dünsten oder Braten gründlich waschen muss. Man sollte sie einfach zubereiten, vielleicht mit etwas Austernsoße besprenkeln und mit einigen gerösteten Knoblauchzehen oder Schalotten servieren.

Was jetzt getan werden muss

Obstbäume und -büsche pflanzen

Jetzt und im Dezember ist die Pflanzzeit für Obst, aber man sollte alles gut abwägen. Diese Pflanzen brauchen permanent viel Platz – andererseits kann man sie, wenn sie sich etabliert haben, bis auf gelegentliche Rückschnitte sich selbst überlassen. Äpfel, Birnen, Pflaumen, Stachel- und Himbeeren sollte man jetzt anpflanzen, mit Johannisbeeren sollte man bis zum zeitigen Frühjahr warten. Auf krankheitsresistente Sorten achten und nicht zu eng pflanzen.

Blumenkohlsuppe mit Kokosmilch

Eine unvergessliche Geschmackskombination – den Kardamom nicht vergessen.

Eine paar gehackte Zwiebeln oder Lauchstangen braten, dann einen großen, gehackten Blumenkohl mit Salz und Pfeffer dazugeben. Etwa 10 Minuten dünsten, dann ½ Teelöffel zerstoßene Kardamomsamen dazugeben. So viel Gemüsebrühe und Kokosmilch im Verhältnis 2:1 hinzugeben, dass der Blumenkohl bedeckt ist. 20 Minuten köcheln lassen, dann zerstampfen und servieren.

Selleriegratin mit Steinpilzen + Maronen

Dies ist ein luxuriöses Sellerierezept für eine festliche Wintertafel. Perfekt dazu passt ein Salat aus scharfem Rucola und gedünstetem Mangold.

- 30 g getrocknete Steinpilze, gewaschen
- 300 ml kochendes Wasser
- Butter zum Einfetten
- 1 kg Sellerie (Gewicht küchenfertig), geschält und so dünn wie möglich geschnitten
- Meersalz und frisch gemahlener Pfeffer
- 100 g gekochte, geschälte Maronen, grob gehackt
- 2 EL gehackter, frischer Rosmarin
- 500 ml Schlagsahne
- 75 g frisch geriebener Parmesan

Steinpilze zwanzig Minuten in heißem Wasser einweichen. Abtropfen lassen, die Flüssigkeit beiseitestellen. Die Pilze auspressen und grob hacken.

Backofen auf 200 °C vorheizen. Auflaufform mit Butter einfetten.

Sellerie in die Auflaufform schichten, mit Salz, Pfeffer, Pilzen, Maronen und Rosmarin bestreuen. Mit einer Schicht Sellerie abschließen. Das Pilzwasser mit der Schlagsahne mischen und über den Sellerie verteilen. Den Parmesan über dem Gratin verteilen.

50–60 Minuten backen, bis es an den Rändern blubbert. Mit der Gabel testen, ob der Sellerie gar ist, dann aus dem Backofen nehmen und bis zum Servieren 10 Minuten abkühlen lassen. **Ergibt 6–8 Portionen**

Tipp Beim Schälen wird man etwas Selleriefleisch verlieren, da man an der warzigen Basis großzügig schälen sollte. Für das Rezept wird in der Regel mehr als ein Sellerie nötig sein. Am leichtesten bekommt man dünne Scheiben mit einem Gemüsehobel. Andernfalls den Sellerie vierteln und mit einem scharfen Messer von Hand möglichst dünne Scheiben abschneiden.

Veredelter Pilao-Reis mit Blumenkohl

Die »Edelsteine« in diesem wunderbar duftenden, nordindischen Gericht sind die diversen Gewürze sowie Sultaninen und optional Sesamsamen, Kokosraspeln und als Krönung Granatapfelsamen.

- 250 g Basmatireis
- 2 EL Rapsöl oder Sonnenblumenöl
- 1 mittelgroße Zwiebel, gehackt
- 1 TL Kuminsamen
- 12 ganze Kardamomkapseln
- 4 Nelken
- 8–10 Curryblätter oder 2 Lorbeerblätter
- 4 cm lange Zimtstange oder ein paar Stücke Zimtkassie
- 500 g Blumenkohl, in mundgerechte Stücke geschnitten
- 2 TL Meersalz

- 3 EL gelbe Sultaninen (ersatzweise normale)
- 1 Messerspitze Safran
- 650 ml Wasser

Garnierung (optional):
- 1 EL Sesamsamen
- 2 EL ungesüßte Kokosraspeln
- 1 Handvoll frische Granatapfelsamen

Tipp Den Blumenkohl vor dem Waschen aufschneiden; Stiele und Herz nicht verwenden.

Den Reis 30 Minuten in kaltem Wasser einweichen und gut abtropfen lassen.
Eine tiefe Pfanne erhitzen, das Öl darin heiß werden lassen, die Zwiebeln glasig dünsten und die Gewürze (nicht den Safran) dazugeben. Etwa eine Minute bis zur Duftentwicklung dünsten, dann den Blumenkohl in die Pfanne geben, salzen und umrühren. Zudecken und dem Blumenkohl etwa 5 Minuten Zeit lassen, um Saft abzugeben, dabei ein bis zweimal umrühren.

Jetzt den abgetropften Reis und die Sultaninen dazugeben und eine Minute umrühren. Nach Zugabe von Safran und Wasser umrühren, zudecken und zum Kochen bringen. Dabei sollte die Reismischung knapp mit Wasser bedeckt sein. Nach dem Kochen zugedeckt und ohne zu rühren etwa 20 Minuten köcheln lassen, bis das Wasser absorbiert und der Reis gar ist. Von Zeit zu Zeit prüfen, ob der Reis am Pfannenboden nicht vollständig austrocknet. Gegebenenfalls etwas Wasser dazugeben.

Für die Garnierung den Sesam und die Kokosraspeln in einer trockenen Pfanne auf niedriger Hitze goldgelb anrösten. Mit den Granatapfelsamen über den warmen Pilao-Reis streuen. **Ergibt 4–6 Portionen**

Birnen auf Schokoladenkuchen

Ein rustikaler, unkonventioneller Kuchen, bei dem ganze Birnen aus dem herrlichen, weichen Schokoladenteig ragen. Der Kuchen sieht umwerfend aus und sollte unversehrt präsentiert und dann mit unbekümmerter Hingabe aufgegessen werden – nichts für eine elegante Teeparty. Wichtig ist, dass man vollreife, süße, zarte Birnen verwendet.

- 100 g Mehl
- 1 Päckchen Backpulver
- 50 g Kakaopulver
- 50 g gemahlene Mandeln
- 175 g gesalzene Butter, weich
- 175 g brauner Zucker
- 3 Eier
- 2 EL Milch
- 5–6 Birnen
- Sahne oder Crème fraîche zum Servieren (optional)

Eine 23 cm große Springform einfetten und den Boden mit Backpapier auslegen. Den Backofen auf 180 °C vorheizen.

Mehl, Backpulver und Kakaopulver in einer Schüssel gut verrühren, dann die gemahlenen Mandeln einrühren.

Butter und Zucker mit einem Mixer schaumig schlagen, ein Ei und, um die Gerinnung zu verhindern, einen Löffel von der Mehlmischung dazugeben, dann die beiden anderen Eier. Den Rest der Mehlmischung mit der Milch unterheben, bis sich alles gut vermengt hat. Den Teig in die vorbereitete Backform löffeln und gleichmäßig verstreichen.

Den Boden jeder Birne glatt abschneiden, damit sie aufrecht steht. In einem Kreis mit dem Stiel nach oben im Teig arrangieren, bis auf den Teigboden drücken und zum Rand etwa 2 cm Abstand lassen. Den Kuchen auf ein Backblech stellen und 45–60 Minuten backen. Innen wird der Kuchen weich und teigig sein durch den Saft, den die Birnen abgegeben haben – nicht etwa, weil die Backzeit zu kurz war. Nach 15 Minuten aus der Form nehmen und auf einem Kuchengitter abkühlen lassen. Warm oder kalt essen und nach Wunsch mit Sahne oder Crème fraîche servieren.

Winter

WINTER	DRINNEN / UNTER GLAS	DRAUSSEN IN GARTENERDE
Blumenkohl		
Brokkoli (Sprossbrokkoli)		
Dicke Bohnen		★
Frühlingszwiebeln		
Grünkohl		
Kohl (Winter)		
Lauch		
Mangold	★	
Obstbäume		★
Pastinake		★
Rosenkohl		
Rüben, Weiße		
Rucola	★	
Salat/Salatblätter	★	
Schwarzwurzeln		
Sellerie		
Spinat	★	
Steckrüben		
Winterkräuter		
Zwiebeln/Schalotten		

FÜR GEFÄSSE GEEIGNET	JETZT ERNTEN	REZEPTE UND WEITERE INFOS
★	★	Blumenkohlsuppe mit Kokosmilch, 182; s. 172, 183
★	★	Risotto aus Sprossbrokkoli + Graupen, 39; siehe 35
★		Bohnen-Tabouleh, 92; siehe 68, 75, 113
★	★	Grüne Suppe, 57; siehe 61, 72, 92, 112, 131
★	★	Safran-Reis-Brühe mit Wintergemüse, 38; siehe 42
★	★	Salat aus Steckrüben + Rotkohl, 200; siehe 191
★	★	Siehe 24, 45
★	★	Kuku mit Ampfer + Mangold, 36; siehe 32, 39, 57
★		Siehe 181
★	★	Pastinaken-Erbsen-Suppe, 202; siehe 193
★	★	Pikanter Rosenkohl, 203; siehe 27, 42, 195
★	★	Siehe 180
★	★	Grüne Suppe, 57; siehe 46
★	★	Dicke Bohnen mit Salat, 75; siehe 57, 63
★	★	Siehe 190
★	★	Selleriegratin mit Steinpilzen, 182; siehe 175
★	★	Siehe 32
★	★	Salat aus Steckrüben + Rotkohl, 200; siehe 197
★	★	Siehe 150, 169, 198
★		Siehe 36, 39, 75, 161

Dezember
Feiern am Kamin

Brrr! Der Wassertrog in meinem Kleingarten ist eine Miniatureisbahn und jede Pflanze schimmert eisummantelt in der Morgensonne. Ich bin hier um nachzusehen, was ich für das Weihnachtsessen ernten kann. Es ist noch eine Fülle an Wintergemüse da, bereit für die Festtafel.

Wir verbringen den großen Tag mit Dans Familie in Dorset und kommen dort Heiligabend mit einer Autoladung voller Geschenke an (darunter Gläser mit unseren Kleingarten-Chutneys, siehe Seite 148). Natürlich sind auch Beutel voller selbst gezogenem Gemüse dabei. Heiligabend gibt es stets Fasan, geschossen, gerupft und ausgenommen von meinem Schwiegervater, gefüllt mit eigenen Quitten und im Ofen gebacken.

Für mich gehören allerdings auch die Früchte unserer Gartenarbeit zu den Höhepunkten der Tafel: in Wein gedünsteter Rot- und Grünkohl mit Trockenfrüchten und Gewürzen, in Safran und Orangensoße pochierter Lauch, gekochter Rosenkohl (siehe Seite 195) und eine improvisierte Gemüsetarte mit allem, was ich sonst so entdecken konnte – Mangold, Rote Beete, Schwarzwurzeln, karamellisierte Zwiebeln. Wir stoßen an auf unseren Kleingarten im Londoner Norden und auf ein weiteres gutes Jahr des Anbauens, Kochens und Essens.

Haferwurzel und Schwarzwurzel

Diese Gemüsezwillinge, die im April oder Mai gesät werden, können jetzt bis ins zeitige Frühjahr geerntet werden. Sie schmecken ähnlich. Die Haferwurzel ist hell und sieht aus wie eine dünne Pastinakenwurzel. Schwarzwurzeln haben eine schwarze Schale und buttrig-weißes Fleisch.
Sie werden selten angeboten und wer den Platz hat, sollte sie anbauen. Wie Pastinake aussäen, früh ausdünnen und dann sich selbst überlassen. Die Blüten und jungen Blätter sind essbar. Sie wachsen bis zu 30 cm tief – daher vorsichtig ausgraben.
Die Wurzeln abbürsten und gleich verarbeiten – ansonsten in Zitronenwasser legen. Die Wurzeln in gesalzenem Wasser kochen, bis sie zart sind, dann die Haut abschaben. Der Duft erinnert an den der Süßkartoffel. In fingergroße Stücke schneiden und einfach mit Zitronensaft und geschmolzener Butter servieren.

»Wir stoßen an auf unseren Kleingarten im Londoner Norden und auf ein weiteres gutes Jahr des Anbauens, Kochens und Essens.«

Winterkohl

Darunter versteht man verschiedene Sorten von weißem, rotem und grünem Kohl. Auch der Wirsing mit seinen tief geaderten Blättern gehört dazu. Die Kohlköpfe an der Basis abschneiden, und die von Schnecken und Vögeln durchlöcherten äußeren Blätter kompostieren. Grundsätzlich möglichst viele Blätter behalten, denn besonders die dunkelgrünen sind sehr gesund.

Winterkohl ist fester als Sommerkohl, aber er schmeckt fein geschnitten auch roh oder nur kurz gedünstet. Gehackt und mit Salz bestreut, kann er in einem Sieb eine Weile abtropfen, was ihn zarter macht – etwa für einen Salat mit einem Essig-Öl-Dressing.

Rotkohl sollte lange schmoren, wobei Säurehaltiges seine Farbe schützt. In reichlich Wein oder Essig mit Zucker und mit Früchten wie Apfelstücken, getrockneten Aprikosen, Sultaninen oder Orangenschalen dünsten. Kümmel, Kumin, Sellerie- und Dillsamen sowie Wacholderbeeren gehören traditionell in den Kohl.

Was jetzt getan werden muss

Artischockenpflanzen abschneiden

Es kommt einem brutal vor, eine solch eindrucksvolle Pflanze einfach dem Erdboden gleichzumachen, aber es heißt, man solle sie vor dem Winter abgeschnitten haben. Den Stumpf gilt es mit einer dicken Lage Laub, Stroh oder anderem Mulchmaterial abzudecken. Ende März oder Anfang April sollte man mit dem Austrieb der Pflanze den Winterschutz wieder entfernen.

Oben Für die Beseitigung der Artischockenpflanze ist eine Säge notwendig.

Januar

Alles ruhig im Kleingarten

London liegt auf demselben Breitengrad wie Moskau, aber der Golfstrom beschert uns ein bedeutend milderes Klima – man wird sehen, welche Folgen der Klimawandel haben wird. Jedenfalls hat der Tag jetzt nur acht helle Stunden und sehr wenige davon verbringe ich im Kleingarten, nur für schnelle Erntegänge reicht die Zeit. In meiner Erinnerung liegt der Sommer schon weit zurück und die Vorfreude auf ihn ist noch weit entfernt. Nach wie vor sind wir dabei, unsere Gefriertruhe um das selbst gezogene Gemüse zu erleichtern, das immer noch sonnengereift schmeckt. Ich überwintere in meinem warmen Haus mit einem gefüllten Bauch, umgeben von Samenkatalogen und meinem Laptop.

Was jetzt getan werden muss

Keimlinge daheim

Während der ganzen Zeit keimt es bei mir zu Hause. Sprossen sind jetzt sehr willkommen, denn der erste eigene Salat liegt noch in weiter Ferne. Sprossen sind nahrhaft und leicht zu verarbeiten. Sie selbst zu ziehen macht Spaß, es geht schnell und sie sind billiger als gekaufte. Am gebräuchlichsten sind Samen von Luzerne (Alfalfa), Mungobohne, Adzukibohne, Brokkoli, Bockshornklee, Radieschen, Sonnenblume, Senf und Kresse. Viele Naturkostläden haben Samen im Sortiment.

Es gibt zwar spezielle Anzuchtsets zu kaufen, aber ich mache es so: Zuerst besorge ich mir ein großes Vorratsglas – Restaurants oder Cafés bekommen in der Regel ihr Eingelegtes oder Oliven in 2-Liter-Gläsern. Das Etikett ablösen und das Glas gründlich spülen. Jetzt fehlt nur noch ein durchlässiger Deckel. Sie kennen Kniestrümpfe aus Nylon? Ein solcher Strumpf

Gegenüber In der Hülse getrocknete Bohnen können zum Kochen oder zur Aussaat im nächsten Jahr gelagert werden.

Pastinake

Januar ist die ideale Zeit für die Pastinakenernte. Frost hat den Geschmack intensiviert, aber ab jetzt wird sie mehr und mehr verholzen. Mit dem Frühling beginnt sie wieder auszutreiben und die Wurzel verliert ihren Geschmack.

Vor meinem Umzug aus dem Südwesten der USA nach England war mir Pastinake völlig unbekannt. Anderes Gemüse aus der gleichen Familie wie Sellerie oder Petersilie schmeckt zwar ähnlich, aber letztlich hat Pastinake doch ihren eigenen, markanten Geschmack.

Die schadhaften Stellen wegschneiden und nur wenn nötig schälen. Zu dünnen, scharf angebratenen oder knusprig gegrillten Scheiben schmeckt ein süßer Honigdip. Geröstete Pastinakenstücke kann man mit Honig oder Ahornsirup beträufeln. Oder lassen Sie die Stücke mit Butter, viel trockenem Sherry und etwas braunem Zucker so lange in einer Pfanne dünsten, bis die Soße einkocht. Auch für eine Suppe eignet sich die Pastinake (siehe Seite 202).

»Jetzt hat der Tag nur acht helle Stunden und sehr wenige davon verbringe ich im Kleingarten für schnelle Erntegänge.«

Oben Wichtiges Werkzeug: Rosenschere und Messer **Oben rechts** Plastikmesser sind perfekte Pflanzenschilder, leere Konserven werden gesammelt.

reicht als Glasabdeckung. Man zieht ihn von unten über die Öffnung des Glases, zieht ihn stramm, knotet ihn zusammen und schneidet das Überschüssige ab.

Jetzt zu den Samen: Beachten Sie, dass sich ihr Volumen bis um das Achtfache erweitern wird. Man weicht drei Esslöffel Samen über Nacht in einer Schüssel Wasser ein. Am Morgen gut abtropfen lassen, in das Glas geben und wie oben beschrieben mit dem Kniestrumpf verschließen. Das Glas auf die Seite, den Boden dabei etwas höher legen, damit überschüssiges Wasser ablaufen kann. Mit einem Handtuch abdecken. So über Nacht liegen lassen, dann kaltes Wasser durch den Strumpf gießen und das Glas teilweise füllen, um die Samen zu wässern. Wenig später das Wasser behutsam durch den Strumpf abgießen. Die Samen nicht im Wasser schwimmen lassen – gründlich ablaufen lassen und die Samen wieder in den unteren

Rosenkohl

Die wenigsten Menschen zählen Rosenkohl zu ihrem Lieblingsgemüse. Ich kann das verstehen – zu lange gekocht geht der Geschmack verloren. Ich ziehe nur ein bis zwei Pflanzen pro Jahr. Wie andere Kohlgewächse braucht Rosenkohl viel Platz und wächst langsam, aber es lohnt sich dennoch.
Bei mir reifen die Röschen unterschiedlich schnell (anders als die perfekten Pflanzen auf den Bauernmärkten). Ich ernte die fertigen, die übrigen entwickeln sich weiter. Wenn die Röschen aufgesprungen sind, kann man sie dennoch gebraten, sautiert, geschmort oder gekocht genießen – man darf sie nur nicht zu Mus zerkochen.
Schadhafte äußere Blätter kommen auf den Kompost. Um nur den runden Kopf zu genießen, müssen lose Blätter ebenfalls entfernt werden, aber auch diese schmecken durchaus.
Ein flacher Kreuzschnitt an der Basis verringert die Kochzeit, was aber nur bei großen Röschen nötig ist.

Teil des Glases schütteln. Diese Prozedur zweimal täglich durchführen, bis die Samen keimen, dann das Handtuch wegnehmen und das Glas auf die Fensterbank stellen. Weiterhin zweimal täglich wässern, bis die Sprossen groß genug zum Verzehr sind – das dauert ungefähr vier bis sechs Tage.

Obstbäume schneiden

Obstbäume und -sträucher halten Winterschlaf und die meisten sollten jetzt geschnitten werden. Apfel, Johannisbeere, Stachelbeere, Himbeere, Birne und Wein gehören dazu. Damit fördert man die Gesundheit der Gehölze; Totholz kommt heraus und zu dicht gewordenes Astgewirr wird gelichtet. Die anzuwendende Technik hängt von der Pflanzenart ab – man sollte sich bei Experten Rat holen.

Februar
Das letzte Winterkapitel

Es ist noch kalt, aber die Nächte werden spürbar kürzer. Meine Setzkartoffeln sind eingetroffen und lagern zufrieden in Kisten. Meistens halte ich mich jetzt in der warmen Küche auf, bereite das letzte Wintergemüse zu oder bediene mich aus der Gefriertruhe und denke über das nach, was demnächst anstehen wird. Ich freue mich darauf, mit der Gartenarbeit wieder zu beginnen. Aber ich muss mich noch ein paar Wochen gedulden ...

Steckrüben

Dieses Gemüse verwirrt. Einige setzen es mit der Weißen Rübe gleich, aber es ist anders. Jedenfalls gehörten die Schotten zu den Ersten, die dieses Gemüse schätzten. Sie machten es in gestampfter Form zum Teil des schottischen Nationalgerichts Haggis.
Die Steckrübe wird häufig als Wurzelgemüse bewertet, gehört aber eigentlich zu den Kohlgewächsen und sollte beim Fruchtwechsel wie diese behandelt werden.
Die Steckrübe ist größer und rundlicher als die Weiße Rübe, verfärbt sich außen teilweise violett und hat aprikosenfarbiges Fleisch. Sie ist süßer und mürber als die Weiße Rübe. Viele beschimpfen sie als Viehfutter, aber ich finde, man sollte ihr eine Chance geben.
Als reines Wintergemüse erreicht sie bei mir nie die Größe der kommerziell angebauten, aber es ist schön, selbst im tiefen Winter etwas im Garten zu haben. Mit Butter und Milch wird daraus ein schmackhaftes Mus, und noch besser schmeckt es mit Sahne.

Was jetzt getan werden muss

Das Gewächshaus säubern

Wenn Sie an einem eisigen Februartag nach einer Aufgabe im Kleingarten suchen, spritzen Sie Ihr Gewächshaus, falls Sie eins haben, außen und innen gründlich ab und ziehen die Scheiben mit einem Fensterzieher ab. Das hilft gegen Krankheitsbefall in der kommenden Saison.

Rhabarber pflanzen und teilen

Rhabarber entwickelt sich am besten aus einem vorhandenen Wurzelstock und nicht aus Samen. Bis März sollte er gepflanzt werden. Für Töpfe ist Rhabarber nicht zu empfehlen, aber im Freiland ist er leicht zu ziehen. Die einzige Pflege, die er braucht, ist die Teilung alle fünf Jahre. Sie regt die Pflanze zu frischem Wachstum an. Dazu holt man die Staude aus der Erde und teilt sie mit einem kräftigen Spatenhieb in drei Teile. Dann kommen die drei neuen Pflanzen mit reichlich Kompost wieder in die Erde zurück und werden angegossen.

Gegenüber Beim ersten Anflug von Frühling beginnen sich nicht nur die Spinnen zu regen, sondern auch Pflanzen wie Thymian und stehen gebliebene Kohlpflanzen. Sie zeigen ihre ersten Blüten.

Winterkräuter

Verholzende immergrüne Kräuter wie Rosmarin, Thymian, Lorbeer und Salbei kann man das ganze Jahr über ernten, aber besonders im Winter sind sie begehrte Beigaben zu Suppen und Gebratenem. Ich nenne sie »Ölkräuter«, weil kräftige, wachsartige Öle sie durch die kalte Jahreszeit bringen.
Rosmarin passt gut zu Wintergemüse und Brot und muss nicht auf pikante Gerichte beschränkt bleiben. Eine gehackte Handvoll zu Gebäck oder Kuchen kann eine Offenbarung sein. Thymian passt wunderbar zu Herbstfrüchten (siehe Rezept auf Seite 150).
Lorbeer gehört in Brühen und Soßen und verleiht ihnen eine weitere Dimension – für eine Béchamelsoße sollte man zunächst frische Lorbeerblätter in Milch dünsten.
Salbei mit Walnuss und etwas Zitronensaft ergibt eine Pesto-Alternative zum gewöhnlichen Basilikum mit Pinienkernen. In Suppen und Eintöpfen sollte ein Zweig von jedem Gewürz mitköcheln.

Wenn Sie mehr als eine ältere Staude haben, können Sie eine (keine kürzlich versetzte) vortreiben, sobald sich die Pflanze gegen Ende des Monats zart regt. Dazu stülpt man einen größeren Topf oder einen Abfalleimer darüber, um ihr das Licht zu nehmen. Daraufhin wird die Pflanze in wenigen Wochen auf der Suche nach Licht verzweifelt ihre süßen, hellrosa Stiele hinausschieben – die erste Ernte des Jahres, wie aufregend! Einige Wochen kann man so ernten, dann die Abdeckung weglassen und die Pflanze normal weiterwachsen lassen. Nach diesem Vortreiben sollte man von ihr in diesem Jahr nicht mehr ernten, damit sie sich regenerieren kann. Im nächsten Februar sollte man sich zum Vortreiben eine andere Staude suchen. Treiben Sie generell nur vor, wenn Sie mehr als eine Pflanze haben, um nicht für den Rest des Frühjahrs auf Rhabarber verzichten zu müssen.

Samen für die neue Saison bestellen

Das kann zu jeder Zeit während des Winters geschehen. Bestellen Sie erst einmal nur das, womit Sie im zeitigen Frühjahr beginnen möchten, zum Beispiel Kartoffeln, Salat, Kohl und sonnenliebende Pflanzen wie Tomaten (siehe die Tabellen am Beginn jedes Kapitels). Ich finde die Onlinebestellung besser als den Kauf im Gartencenter, weil man detaillierte Beschreibungen bekommt – zum Beispiel wie man sät, wann man erntet, wie es schmeckt. Außerdem kann man besser vergleichen. Manchmal bekommt man Sonderpreise für bestimmte Pakete.

Zunächst aber sollte man den Bestand an vorhandenen Samentüten ermitteln und deren Mindesthaltbarkeitsdatum prüfen – und beherzigen. Dann sollte man sich folgende Fragen stellen: Wofür habe ich überhaupt Platz? Was werde ich in Töpfen ziehen? Was war besonders schmackhaft und möchte ich das wieder anbauen? Soll ich mich auf exotische Pflanzensorten einlassen, gedeihen sie überhaupt in meinen klimatischen Verhältnissen?

Bei Tomaten muss man sich die Frage stellen, ob man Spalier- oder Buschtomaten wählt. Spaliertomaten brauchen eine kräftige Stütze und müssen für eine gute Ernte immer wieder ausgeknipst oder geschnitten werden, was natürlich zeitaufwendiger ist.

Wenn man dann seinen virtuellen Einkaufswagen gefüllt hat, sollte man den Preis ermitteln. Wenn der Sie schockiert, reduzieren Sie Ihre Einkäufe ein wenig – nachbestellen kann man ja immer. Das ist besser, als überschüssigen Samen wegwerfen zu müssen.

Und schließlich – lassen Sie sich überraschen! Egal ob Sie gerade anfangen, bereits ins zweite Jahr gehen oder ein sehr erfahrener Gärtner sind, jedes Jahr ist eine neue Reise durch den urbanen Kleingarten und jeder kann sich auf seine ganz eigene Expedition in die weite, wilde Welt der eigenen Pflanzenzucht begeben. Viel Glück dabei!

»Jedes Jahr ist eine neue Reise und jeder kann sich auf seine ganz eigene Expedition in die Welt der Pflanzenzucht begeben.«

Oben Offene Samentüten sollten nur noch im kommenden Jahr verwendet werden, vorausgesetzt ihr Mindesthaltbarkeitsdatum ist noch nicht abgelaufen. Sie gehören an einen trockenen Platz.

Salat aus scharfsüßen Steckrüben + Rotkohl

Ein farbenfroher, knackiger, nahrhafter Salat, der einen dunklen Wintertag aufhellen kann. Die roh geraspelte Steckrübe bringt eine überraschende Note in diesen asiatisch anmutenden Salat. Koriander wäre hier das ideale Gewürz, aber Petersilie wird im Winter eher verfügbar sein.

- 2 EL Sesamsamen
- 200 g Rotkohl, fein geschnitten
- 200 g Steckrüben, geschält und grob geraspelt
- 2 Frühlingszwiebeln, fein geschnitten
- 3–4 milde rote Chilischoten, grob gehackt
- 1 Handvoll Petersilie oder Koriander, fein gehackt

Für das Dressing

- 3 EL Shoyu oder helle Sojasoße
- 2 EL Reisessig
- 2 EL unraffinierter Zucker
- 1 EL Sesamöl

- 50 g geröstete Erdnüsse

Den Sesam in einer kleinen Bratpfanne bei mittlerer Hitze unter Rühren rösten, bis er goldbraun wird und aufspringt. Zum Abkühlen auf einen Teller geben.

Rotkohl, Steckrüben, Zwiebeln, Chilis, Petersilie und Sesam miteinander vermengen. Die Zutaten für das Dressing mischen und unter den Salat ziehen. Die Erdnüsse in einem Mörser grob zerstoßen, den Salat auf vier Teller verteilen und mit den Erdnüssen bestreuen. **Ergibt 4 Portionen**

Tipp Zuerst die äußeren Blätter vom Rotkohl entfernen, diesen halbieren, den Strunk herausschneiden. Die Kohlhälfte mit der angeschnittenen Seite nach unten legen, von oben nach unten noch mal halbieren und dann feine Scheiben abschneiden.

Pastinaken-Erbsen-Suppe mit Blauschimmelkäse

Die drei Könige der Wintertafel finden in dieser luxuriös gehaltvollen Suppe zu mehr zusammen als zu einer bloßen Summe von drei Zutaten – eine Mahlzeit mit einem ganz eigenen Geschmack, zu der dunkles, knackiges Brot gehört.

- 50 g Butter
- 2 große Zwiebeln, gehackt
- 1 EL frische Thymianblätter
- 3 Stangen Staudensellerie, gehackt
- 1 kg Pastinaken, gesäubert und gehackt
- 2 Birnen, entkernt, gehackt und mit dem Saft einer halben Zitrone beträufelt
- Meersalz und frisch gemahlener Pfeffer
- 1,5 l Gemüsebrühe
- 200 g Blauschimmelkäse, grob gekrümelt

Tipp Wenn möglich, belassen Sie die Haut der Pastinake, das sorgt für den idealen Geschmack. Es reicht, sie gründlich zu waschen und kleine Makel zu entfernen. Die Schale kann auch an den Birnen dranbleiben.

Eine große Pfanne auf mittlere Hitze erwärmen. Die Butter darin zergehen lassen. Zwiebeln und Thymian dazufügen. Sanft garen, bis die Zwiebeln durchsichtig sind. Sellerie, Pastinaken, etwas Salz und Pfeffer hinzufügen. Pfanne abdecken und 10 Minuten schwitzen lassen. Ab und zu umrühren. Nun die Birnen und den Zitronensaft hinzugeben sowie die Gemüsebrühe. Zum Kochen bringen und für 30 Minuten köcheln lassen. Kurz abkühlen lassen, dann zu einer glatten Masse pürieren. In warme Schalen gießen und den zerkrümelten Blauschimmelkäse über die Suppe streuen. **Ergibt 6 Portionen**

Saure Linsen-Kohl-Päckchen

Karamellisierte Zwiebeln gleichen die zart-saure Linsenfüllung aus, eingeschlossen in schönen Wirsingblättern. Als Teil einer Vorspeisenplatte servieren oder mit Reis, einer dicken Tomatensoße und festem Joghurt.

- 200 g rote Linsen
- 1 Wirsing
- 3 große Zwiebeln (600 g), in Scheiben geschnitten
- 1 EL Olivenöl und etwas Öl zum Einfetten
- 2 TL Zucker
- Fein geriebene Schale und Saft einer großen Zitrone
- Meersalz und frisch gemahlener schwarzer Pfeffer
- 50 g Butter

Die Linsen in einem Topf mit Wasser bedecken. Zum Kochen bringen und den Schaum abschöpfen. 10 Minuten kochen, von Zeit zu Zeit umrühren, dann Hitze reduzieren, leicht salzen und zudecken. Wasser ergänzen, wenn die Linsen trocken zu werden drohen. Etwa 15 Minuten köcheln lassen, hin und wieder umrühren. Sie sollten die Konsistenz von dickem Haferbrei bekommen. Vom Herd nehmen.

Einen Topf mit Salzwasser zum Kochen bringen. Währenddessen 12 Wirsingblätter an der Basis abschneiden, die zähen äußeren allerdings nicht verwenden. Besonders dicke Mittelrippen glattschneiden. Die Blätter waschen, dann mehrere gleichzeitig zwei Minuten lang im kochenden Wasser blanchieren, dann herausnehmen. Die Blätter unter kaltem Wasser abspülen und in einem Sieb abtropfen lassen.

Eine Pfanne erhitzen, die Zwiebeln in Olivenöl braten und gelegentlich umrühren. Wenn sie beginnen braun zu werden, den Zucker dazugeben. Umrühren, bis sie karamellisieren. Die Zwiebeln mit den gekochten Linsen, Zitronensaft und -schale vermengen und abschmecken.

Den Backofen auf 180 °C vorheizen und eine Auflaufform mit Öl einpinseln. Die Wirsingblätter trocken tupfen und einen gehäuften Esslöffel Linsenbrei in ihre Mitte platzieren. Die Seiten einklappen und dann zusammenrollen. Mit den überlappenden Enden auf den Boden der Auflaufform legen. Mit geschmolzener Butter einpinseln und 20–25 Minuten backen, bis sich die Oberseite leicht bräunt. Heiß, warm oder lauwarm servieren. **Ergibt 4–6 Portionen**

Pikanter Rosenkohl

Voilà! Der verschmähte Rosenkohl wird zur Götterspeise.

Den vorbereiteten Rosenkohl in sehr wenig Wasser legen, einen großen Klecks Butter, etwas Salz, ein paar Teelöffel Zucker und viel geriebene Zitronenschale dazugeben. Erst kurz vor dem Servieren mit dem Kochen beginnen, ansonsten riskieren Sie, den Rosenkohl zu verkochen. Den zugedeckten Topf auf höchster Stufe zum Kochen bringen, dann Hitze reduzieren und je nach Menge 3–5 Minuten köcheln lassen, ein bis zweimal umrühren, bis der Kohl hellgrün und zart ist – dann schnellstmöglich servieren.

Kursiv gesetzte Einträge verweisen auf Rezepte.

Online-Bezugsadressen

Arche Noah
Gesellschaft zur Erforschung der Kulturpflanzenvielfalt, deren Erhaltung und Entwicklung
Saat- und Pflanzgut alter und gefährdeter Sorten aus biologischem Anbau
www.arche-noah.at

Bio-Saatgut Gaby Krautkrämer
Saatgut aus kontrolliert biologischem Anbau
www.bio-saatgut.de

BOTANIK Sämereien
Gemüse-, Blumen- und Spezialitätensaatgut, z. T. aus biologischem Anbau
www.saemereien.com

Kiepenkerl
Saatgut, Blumenzwiebeln, Rasensamen und Pflanzen
www.kiepenkerl.de

N. L. Chrestensen
Erfurter Samen- und Pflanzenzucht
Saat- und Pflanzgut, Blumenzwiebeln sowie Zubehör
www.gartenversandhaus.de

Samenhaus Müller
Saatgut der Marke SPERLI sowie Zubehör
www.samenhaus.de

Tropica
Samenraritäten, Blumenzwiebeln, Pflanzen und Zubehör
www.tropica.de

Verein zur Erhaltung der Nutzpflanzenvielfalt
Saatgut alter und gefährdeter Kulturpflanzen
www.nutzpflanzenvielfalt.de

Aus dem Englischen übersetzt
von Stefan Leppert

1. Auflage

Titel der englischen Originalausgabe:
New Urban Farmer. From Plot to Plate:
A Year on the Allotment
2010 erstmals erschienen bei
Quadrille Publishing Limited
Alhambra House
27–31 Charing Cross Road
London WC2H 0LS
Großbritannien
www.quadrille.co.uk

Editorial Director Jane O'Shea
Creative Director Helen Lewis
Lektorat Lisa Pendreigh
Design Claire Peters, Katherine Case
Fotos Jill Mead
Food-Stylistin Celia Brooks Brown
Stylistin Charis White
Produktion Vincent Smith, Ruth Deary
Covergestaltung der deutschen Ausgabe
Sofarobotnik · Augsburg & München
Satz der deutschen Ausgabe
Boer Verlagsservice, Grafrath
Produktion der deutschen Ausgabe
Monika Pitterle/DVA

Printed in China

ISBN: 978-3-421-03823-4

www.dva.de

Ich möchte allen danken, die die Samen für dieses Buch gesät haben und zu seinem Wachsen und Aufblühen beigetragen haben.

Zuerst Nick Wyke von Timesonline für die Erlaubnis, die Rolle des »New Urban Farmers« zu erschaffen, und für seinen fortwährenden Antrieb.

Dank auch an meine Agentin Martine Carter, die mich zu den wundervollen Menschen von Quadrille Publishing gebracht hat.

Herzlichen Dank an das Quadrille-Team:
Jane O'Shea, die aus einer Vision Realität machte; Claire Peters für ihr erfahrenes Auge; Lisa Pendreigh für ihre Geduld, ihre gute Laune und die redaktionelle Unterstützung; und Charis White für die andauernde Ermutigung. Danke an den Verlag, der die erstklassige Fotografin Jill Mead fand – eine inspirierende Zusammenarbeit. Jill, danke für das brillante Einfangen der Stimmungen. Wir hatten viel Spaß zusammen!

Vielen Dank an meine Gartennachbarn – ich schätze mich glücklich, von einem so liebenswerten Haufen umgeben zu sein: Ulrika, Fred, Miss Gaynor, Alex, Lloyd, Suzanne und Soraya. Vielen Dank an John und Rena dafür, dass sie immer ein Auge auf unseren Garten haben.

Und natürlich vielen Dank an Dan, meine Liebe, meinen Fels.

Danke an Eric Treuille und das Team von Books for Cooks für die Inspiration zum Schokoladenkuchen mit Birnen; an Erin McGann für die Idee zum warmen Zucchinisalat mit Parmesan; an Lizzie Mabbot, die mich auf das Rhababer-Minz-Kompott ihres Vaters hinwies; und an Jeanne Brown, Meisterin der Vorratshaltung.

Mama, ich danke dir für deine aufopfernde Begleitung und dass du mich so lässt, wie ich bin!

Schließlich danke ich allen, die meine Rezepte sorgfältig ausprobiert haben und mir wichtige Rückmeldungen gaben. Ich war überwältigt von ihrem Enthusiasmus und ihrer Freundlichkeit: Ali und Paul Middleton, Callum Saunders, Cara Waters, Claire Sutton, Danny Kingston, Derek Thomas, Elizabeth Coulter, Elizabeth Shepard, Gail Francis, Helen »eine Gabel Spaghetti«, Helen Graves, Helen Yuet Ling Pang, Ian Fischer, Jennifer Farnell, Linda Williams, Lizzie Mabbot, Michelle Eshkeri von der Lavender Bakery, Niamh Shields, Nora Ryan, Patrick Barber, Rejina Juie Sabur, Roslyn Henry, Shaheen Safdar, Stephanie Pennington und Tami Duquette.